TINTA
DA
CHINA
 brasil

Adriane Sanctis de Brito
Conrado Hübner Mendes
Fernando Romani Sales
Mariana Celano de Souza Amaral
Marina Slhessarenko Barreto

O CAMINHO DA AUTOCRACIA

Estratégias atuais de erosão democrática

SÃO PAULO
TINTA-DA-CHINA BRASIL
MMXXIII

INTRODUÇÃO **7**

PARTE I DECLÍNIO DEMOCRÁTICO E REELEIÇÃO
DE AUTOCRATAS **11**

1 As ondas de democratização e autocratização **16**
2 Uma nova definição de democracia? **19**
3 Reeleições em contextos de autocratização **20**
4 Autocracias contemporâneas: os casos
internacionais **22**
5 Autocracias contemporâneas: o caso brasileiro **28**
6 Diagnóstico da erosão: como compreender
o autoritarismo bolsonarista? **32**

PARTE II POLÍTICAS SOCIAIS COMPARADAS **41**

1 Educação **45**

2 Espaço cívico **72**

3 Segurança pública **96**

PARTE III DESVIOS DO CAMINHO DA AUTOCRACIA
E A NECESSIDADE DE RESPONSABILIZAÇÃO **127**

PARTE IV REELEIÇÃO DO AUTOCRATA COMO
MARCO DA AUTOCRATIZAÇÃO **153**

Notas **157**

Sobre o LAUT **172**

Sobre os autores **173**

Introdução

O mundo vem sofrendo um acelerado processo de declínio democrático na última década. Organizações internacionais e de pesquisa empenhadas em monitorar a qualidade dos regimes políticos, das liberdades civis e do Estado de Direito têm observado a expansão da autocratização[1] — a queda substantiva de variados atributos democráticos — em diferentes partes do globo.

Esse fenômeno também se reflete no Brasil. A erosão da democracia tem sido assinalada desde antes da eleição de Jair Bolsonaro à presidência, em 2018.[2] Mas esse processo se aprofundou drasticamente com a chegada ao poder de um governo avesso à proteção do meio ambiente, ao incentivo à educação e ao pluralismo. Ao mesmo tempo, o governo Bolsonaro se mostrou defensor do armamento civil, do negacionismo científico e da exaltação de um nacionalismo que revive os tempos da ditadura militar brasileira.

Outros países que também enfrentam processos de autocratização, como a Hungria, a Polônia, a Índia e a Turquia, optaram por reeleger (em alguns casos mais de uma vez) autocratas[3] ao cargo de chefe do Poder Executivo. Esse não foi o caminho escolhido pela população brasileira. No entanto, para prevenir o avanço autoritário, tão importante quanto não ter reeleito Bolsonaro será responsabilizá-lo pelos crimes e infrações que tenha praticado durante a presidência.

Este livro aponta o conjunto de ações do governo Bolsonaro que enfraqueceu a democracia brasileira, as estratégias em comum com outros líderes autocratas e as possíveis formas de sua responsabilização.

Primeiro, o texto mostra como a literatura da ciência política aborda o tema da reeleição e expõe os resultados mais relevantes dos principais observatórios internacionais sobre a qualidade dos regimes políticos. Aborda também o contexto de alguns países que enfrentam processos de declínio democrático e já passaram pela reeleição de autocratas, em especial Hungria, Polônia, Índia e Turquia.

Em seguida, o livro delineia a situação do Brasil nesse cenário. Primeiro, faz detalhado mapeamento das análises já feitas sobre a situação brasileira por observatórios internacionais, ressaltando as mudanças entre o que foi registrado por tais institutos antes e depois da eleição de Bolsonaro. Depois, aprofunda-se nas formas de operação do autoritarismo bolsonarista nos seus quatro anos de governo.

INTRODUÇÃO   **9**

Em seguida, analisa mudanças ocorridas em países que vivem em contextos autoritários semelhantes ao do Brasil, em três áreas específicas: educação, espaço cívico e segurança pública.

Na educação, identificam-se duas frentes principais de interferência autoritária: na educação básica, que tem sofrido tentativas de controle político-ideológico sobre conteúdos ensinados e de revisionismo histórico-científico; e no ensino superior, por meio de ataques à liberdade acadêmica, tanto na sua dimensão institucional, via ingerências na autonomia universitária, como em sua dimensão individual, por meio de violações das liberdades de ensinar, aprender e pesquisar dos atores educacionais e da deslegitimação da comunidade científica. No espaço cívico, são apontados ataques a associações civis e a organizações não governamentais (ONGs) em duas frentes: o controle regulatório e o dirigismo pela utilização dos mecanismos formais e de prestígio por parte de agentes do Estado; e o ataque direto às liberdades civis. Na segurança pública, notam-se duas principais estratégias autoritárias: o uso de tecnologias de vigilância e a ampliação das violações à privacidade; e a prática do populismo penal e a incitação ao pânico moral na população, estratégias que costumam ter como alvo, a depender do contexto, grupos como imigrantes, mulheres, minorias religiosas e pessoas LGBTQIA+.

Por fim, apresenta um panorama sobre as principais práticas cometidas por Bolsonaro que podem configurar crimes, em três campos principais: crimes comuns, crimes sanitários e crimes eleitorais. Desse modo, traça possíveis formas de responsabilização pelo aprofundamento da erosão democrática no país.

Espera-se, assim, construir um panorama o mais completo possível sobre os processos de autocratização em políticas públicas específicas, bem como os meios possíveis de responsabilização pelas ilegalidades praticadas. A compreensão do significado dos anos de governo Bolsonaro, ao lado de uma descrição da implementação das políticas autoritárias em outros países, pode ajudar a qualificar a análise dos riscos atuais e futuros à democracia brasileira.

Este livro convida leitores e leitoras a perceber os múltiplos desafios que a democracia brasileira continua a enfrentar. A derrota eleitoral do ex-presidente Jair Bolsonaro, que liderou a maior ameaça autoritária da história brasileira recente, não encerra a tarefa de defesa da democracia no país.

PARTE I

Declínio democrático e reeleição de autocratas

> Os cinco [golpes] militares e um autogolpe em 2021 estabeleceram um recorde para o século XXI em uma quebra acentuada da média de 1,2 golpe por ano.
>
> *V-Dem, Democracy Report 2022:*
> *Autocratization Changing Nature?*

O instituto internacional de pesquisa independente V-Dem (Varieties of Democracy) apontou, em 2018, que a autocratização de regimes políticos no mundo já afetava ao menos 2,5 bilhões de pessoas.[1] Em 2020, assinalou que, pela primeira vez desde 2001, os regimes autocráticos superaram quantitativamente os regimes democráticos, atingindo 92 países e 54% da população mundial.[2] Já em 2022, com os efeitos da pandemia da covid-19 sobre os regimes políticos, dos 179 países avaliados pelo V-Dem, trinta foram classificados como autocracias fechadas, enquanto sessenta nações foram enquadradas como autocracias eleitorais — o regime mais comum no planeta.[3]

No monitoramento do V-Dem, foi desenvolvida uma metodologia que classifica os países em uma escala que vai dos mais democráticos para os mais autoritários, democracia liberal, democracia eleitoral, autocracia eleitoral ou autocracia fechada, conforme explicita o esquema[4] a seguir.

AUTOCRACIA

Eleitoral

Eleições multipartidárias para o cargo de chefe do Executivo, mas abaixo de padrões democráticos devido a irregularidades e limitações à competição partidária

Fechada

O chefe do Poder Executivo não participa de eleições ou as eleições não têm competição significativa

DEMOCRACIA

Liberal

Eleições livres, justas e multipartidárias

Alto nível de garantias institucionais democráticas, como as liberdades de expressão e associação e o sufrágio universal

Mecanismos de controle do Poder Executivo por outros Poderes e instituições, como a supervisão legislativa e judicial

Proteção de liberdades individuais e o respeito pelo Estado de Direito

Eleitoral

Eleições livres, justas e multipartidárias

Alto nível de garantias institucionais democráticas, como as liberdades de expressão e associação e o sufrágio universal

Nesse contexto, o processo de autocratização afeta diversos atributos da democracia, como as liberdades civis e políticas e o Estado de Direito. A organização Artigo 19, que monitora e avalia a qualidade das liberdades de expressão e informação no mundo, apontou redução nesses índices em sua avaliação global entre 2019 e 2020:

Artigo 19 Avaliação global da qualidade dos ambientes de expressão e informacional

51%

2019

da população mundial (aproximadamente 3,9 bilhões de pessoas) viviam em ambientes classificados como "em crise"[5]

67%

2020

da população global (aproximadamente 4,9 bilhões de pessoas) viviam em ambientes classificados como "em crise"[6]

A metodologia desenvolvida pela Artigo 19 avalia os países a partir de 25 componentes que se relacionam com a liberdade de expressão, entre eles: censura na internet, liberdade de discussão para homens e mulheres, liberdade religiosa, liberdade de intercâmbio acadêmico etc. Após a avaliação dos 25 componentes, cada país recebe uma nota final (entre 0 e 100) e é classificado em um dos cinco níveis possíveis em relação ao grau de respeito às liberdades de expressão e informação: abertos (80-100), pouco restritos (60-79), restritos (40-59), altamente restritos (20-39) ou em crise (0-19).

Já pelo prisma do Estado de Direito (*rule of law*), isto é, a percepção de respeito aos direitos humanos, ao acesso à justiça, a procedimentos constitucionais e legais que limitam o poder arbitrário e controlam o poder político, a organização internacional da sociedade civil World Justice Project também apontou queda na sua avaliação anual:

World Justice Project Avaliação global do nível
de respeito ao Estado de Direito

36%

2020

46 dos **128** países analisados se
encontravam abaixo do nível médio
de respeito ao Estado de Direito.[7]
Dados coletados até outubro de 2019
e publicados em 2020

42%

2021

59 dos **139** países analisados
se encontram abaixo do nível
médio de respeito ao Estado
de Direito.[8] Dados coletados
até maio de 2021

1 As ondas de democratização e autocratização

> Enterrado no fenômeno geral do declínio democrático, está um conjunto de casos em que novos líderes carismáticos são eleitos por públicos democráticos e depois usam seus mandatos eleitorais para desmantelar por lei os sistemas constitucionais que herdaram.
>
> Kim Lane Scheppele, "Autocratic Legalism",
> The University of Chicago Law Review, 2018

Este recente cenário de crise democrática tem sido estudado pela ciência política, pelo direito, pela sociologia e pela história. Tenta-se explicar as razões, os meios e os efeitos que a atual autocratização tem gerado no mundo e nos contextos políticos locais. Uma das expressões empregadas para se referir ao atual declínio democrático é a chamada "terceira onda de autocratização".[1] Essa expressão deriva da compreensão de que os séculos XX e XXI foram e têm sido marcados por "ondas" de democratização e autocratização,[2] conforme se explicita na infografia da página ao lado.

Cientistas políticos como Runciman,[3] Levitsky e Ziblatt[4] sugerem que o atual processo de declínio democrático se diferencia das experiências históricas do século XX, pois os modos de fragilizar ou subverter o regime democrático têm se apresentado diferentes dos adotados nos períodos anteriores.

Ondas de democratização e autocratização ao redor do mundo[5]

Para eles, uma das principais diferenças diz respeito ao uso da violência política e física. Como muitas das experiências históricas de autocratização aconteceram por meio de golpes de Estado, com a tomada das instituições civis por atores militares — e, em alguns casos, conflitos armados ou até mesmo guerras civis —, os autores consideram que a violência política e física foi empregada para gerar uma ruptura institucional clara, com a mudança abrupta do regime político democrático para o autoritário. Os processos atuais de autocratização, por outro lado, não seriam marcados explicitamente pelo uso da violência, por tanques de guerra nas ruas, por rupturas de governo ou por declarações expressas de alteração da ordem institucional.[6]

Se é certo que em muitos casos, em especial na segunda onda de autocratização, há um rompimento que pode ser identificado em um momento histórico específico, também é verdade que a interpretação acima pode ser considerada simplista. Autocracias atuais também mobilizam a violência física e política, como veremos ao longo deste texto. Mais importante que a tentativa de encaixar o fenômeno contemporâneo em determinado padrão autocrático é a complexidade dos mecanismos atuais.

Os principais exemplos de autocratização no século XXI partiram de governos democraticamente eleitos cujos líderes implementaram projetos autoritários. O atual processo de erosão democrática tem ocorrido *internamente aos sistemas político e de justiça,* em processo que frequentemente se alonga durante anos. Mudanças institucionais têm sido realizadas aos poucos por meio de alterações legais que reconfiguram a estrutura burocrática, fortalecem o Poder Executivo a partir da expansão de suas competências,[7] reduzem os mecanismos de freios e contrapesos exercidos pelas demais instituições políticas[8] e fragilizam as ferramentas de controle político (*accountability*), entre outras estratégias.

Apesar de diferenças conceituais e terminológicas, estudiosos concordam que o direito tem sido usado por autocratas para construir arquiteturas normativas que fragilizam valores democráticos. Assim, atacam direitos fundamentais, liberdades civis e políticas e subvertem a dinâmica das instituições democráticas.[9]

2 Uma nova definição de democracia?

Esse modo de agir dos autocratas atuais, democraticamente eleitos, levanta um questionamento sobre a própria definição de democracia. Uma das definições-base de "democracia eleitoral" a caracteriza como regime político que apresente, ao menos, os seguintes atributos: eleições regulares e livres, sufrágio universal, respeito por um conjunto de liberdades como as de expressão e de associação, e fontes alternativas de informação.[1]

Nesse passo, uma definição procedimental de democracia, isto é, que considere a realização de eleições regulares e compromissos formais com o Estado de Direito, parece não dar conta de explicar as realidades político-jurídicas observadas nos países em processo de autocratização. Sob a ótica desse conceito formal, se instituições democráticas não estiverem funcionando bem ou se estiverem fragilizadas, mantém-se o status de regime democrático em razão da realização regular de eleições e da existência de normas protetivas de direitos fundamentais, ainda que estes sejam atacados na prática.

Nesses novos regimes coexistem práticas democráticas (realização de eleições, por exemplo) e manifestações autoritárias (ataques a direitos fundamentais, fragilização dos mecanismos de freios e contrapesos entre as instituições políticas etc.), fator que tem feito com que a literatura os chame de *regimes híbridos*.[2] O termo "híbridos" se justifica pelo fato de que tais regimes não se enquadram nas definições clássicas de "democracia" e/ou "autocracia", mas mesclam características de cada regime.

3 Reeleições em contextos de autocratização

Em modelos híbridos, o processo eleitoral é marcado por combinar competição eleitoral com variados níveis de autoritarismo, fazendo uso de manipulação eleitoral, restrição ao acesso midiático e ameaças de violência política. Em outras palavras, a competição eleitoral existe, mas se coloca de forma injusta, desequilibrada entre aqueles que estão no poder e os que fazem oposição ao regime e buscam eleger um novo projeto político.[1]

Na literatura que estuda o processo eleitoral nas democracias e a reeleição dos chefes do Executivo,[2] nota-se que se por um lado a reeleição pode reforçar o caráter democrático do regime político ao permitir que o povo apoie ou rejeite o governo no poder, por outro lado ela pode aprofundar os perigos de autocratização em regimes não consolidados. Nos casos em que o processo eleitoral não é completamente livre ou transparente, existe o risco de a vitória nas urnas conferir legitimidade democrática a autocratas reeleitos.[3]

Em cenários com instituições democráticas consolidadas, a transparência e a legitimidade do processo eleitoral são acompanhadas por instituições independentes, como o Judiciário e a imprensa, e um sistema competitivo de partidos políticos.

Em cenários marcados pela falta de instituições sólidas, a reeleição pode consolidar a concentração de poder político no Executivo e minar a independência das demais instituições políticas, enfraquecendo a separação de poderes.[4] Nesses casos, autocratas se submetem ao jogo eleitoral apenas como mecanismo formal de obtenção de *pedigree* democrático. O desequilíbrio nas condições eleitorais de seus adversários políticos impossibilita a alternância no poder e garante sucessivas reeleições.[5] No atual cenário de autocratização, alguns países e governos servem como exemplos do processo de declínio democrático global. As organizações internacionais, os institutos de pesquisa e a literatura especializada convergem na percepção de que esses países, cada um à sua maneira, podem ser apontados como os principais retratos da escalada autoritária dos últimos anos. Na maioria dos casos, os autocratas foram reeleitos. Isso se deu, entre outros fatores, pelas alterações legais e mudanças institucionais internas ao sistema, que possibilitaram, por exemplo, o enfraquecimento de seus adversários políticos, o fortalecimento das competências e dos poderes do Executivo, a fragilização dos mecanismos de freios e contrapesos das demais instituições e poderes, o silenciamento da imprensa e da sociedade civil organizada. Diante desses cenários, a reeleição pode servir como importante passo para a consolidação e expansão da escalada autoritária.

Ao mesmo tempo, a responsabilização dos líderes autocratas pelos crimes que cometeram durante a permanência no poder é etapa necessária à retomada democrática. Isso se aplica tanto em cenários de derrota eleitoral dos autocratas quanto em contextos em que ainda estão no poder e almejam a reeleição. A impunidade civil e criminal de servidores públicos, em especial de chefes de Governo e Estado, pode representar mais um dos traços do autoritarismo que é leniente com práticas abusivas e permite a redução de controle e a falta de *accountability* — comuns, por exemplo, nos períodos de transição da ditadura para a democracia dos regimes latino-americanos.[6]

4 Autocracias contemporâneas: os casos internacionais

O novo Estado que estamos construindo é um Estado iliberal, um Estado não liberal. Ele não nega valores fundamentais do liberalismo, como a liberdade etc., mas não faz dessa ideologia um elemento central da organização do Estado. Aplica em seu lugar uma abordagem específica, nacional, particular.

Viktor Orbán, em discurso, 2014

Muitos exemplos de escalada autoritária nos últimos anos podem ser citados. Na Europa, destacam-se a Hungria sob o governo do primeiro-ministro Viktor Orbán e seu partido nacional-conservador, o Fidesz; a Polônia sob o governo do presidente Andrzej Duda e seu partido nacional-conservador, o Lei e Justiça (PiS); e a Turquia sob as gestões de Recep Erdoğan, ora primeiro-ministro, ora presidente, e seu partido nacional-conservador, o Justiça e Desenvolvimento (AKP).

Na Ásia, os exemplos reúnem a Índia sob o governo do primeiro-ministro Narendra Modi e seu partido nacional-hindu, o Bharatiya Janata (BJP); as Filipinas sob a gestão do presidente Rodrigo Duterte e seu partido social-democrata, o PDP-Laban; e a Indonésia sob o governo do presidente Joko Widodo e seu partido social-democrata, o PDI-P.

Da democracia à autocracia

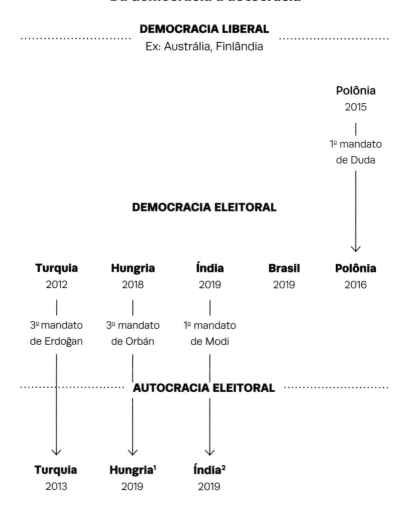

O gráfico da p. 23 resume algumas das informações principais sobre países exemplares em termos de escalada autoritária nos últimos anos. Nele, são reunidas informações sobre os países e os respectivos líderes autoritários observados, os períodos de eleição, reeleição e mandatos presidenciais e parlamentares, e os períodos de transição da natureza dos regimes — a partir da escala utilizada pelo Instituto V-Dem.

Nas Américas, os principais casos são os Estados Unidos da América na gestão do presidente Donald Trump, filiado ao Partido Republicano; a Nicarágua sob o governo do presidente Daniel Ortega e seu partido, a Frente Sandinista de Libertação Nacional; a Venezuela sob a gestão de Nicolás Maduro e seu Partido Socialista Unido; e o Brasil sob a gestão de Jair Bolsonaro, ora pelo Partido Social Liberal (PSL), ora pelo Partido Liberal (PL).

Sobre o caso estadunidense, a eleição de Donald Trump e sua retórica de retomada nacionalista polarizaram ainda mais o cenário político, com o ressurgimento na esfera pública de manifestações anti-imigração e antipluralistas. A recusa de Trump em aceitar os resultados eleitorais de 2020 para a presidência, atrelada à incitação de sua base eleitoral que resultou na invasão do Capitólio, fez com que especialistas colocassem em xeque a solidez das instituições da democracia estadunidense.

Diversos outros países se somam à lista daqueles em processo de autocratização. Quando se leva em conta o crescimento de partidos e discursos de extrema direita, essa lista fica ainda maior. Alemanha, Áustria e França são apenas alguns dos países em que esses partidos vêm ganhando impulso — em 2022, a candidata de extrema direita Marine Le Pen teve sua melhor performance eleitoral (42% dos votos), embora derrotada pelo candidato à reeleição Emmanuel Macron.

O mesmo aconteceu recentemente no Chile, em que José Antonio Kast, representante da extrema direita no país, disputou o segundo turno das eleições de 2021 com Gabriel Boric e angariou cerca de 44% dos votos. Na Colômbia, o populista Rodolfo Hernández, que defendeu discurso antissemita em sua campanha presidencial, apesar de ter sido derrotado no segundo turno das eleições de 2022, angariou mais de 47% dos votos válidos. Em El Salvador, o presidente Nayib Bukele, eleito em 2019, leva adiante políticas públicas abertamente neoliberais e aumenta progressivamente o controle sobre a sociedade civil.

A cronologia a seguir aponta algumas das principais ações e mudanças institucionais empregadas pelos países analisados rumo à autocratização.

Hungria Ações/mudanças promovidas pelo governo Orbán

PRIMEIRO MANDATO CONSECUTIVO Primeiro-ministro

2011 Nova Constituição é aprovada, em processo de pouca transparência e debate parlamentar, excluindo a participação e aceitação popular[3]

2013 Emendas à Constituição retiram a proteção a diversos direitos e excluem competência da Corte Constitucional de controlar o conteúdo das novas emendas[4]

Emendas permitem que Executivo controle a Corte Constitucional via novas regras de composição, indicação e atuação dos ministros

SEGUNDO MANDATO Primeiro-ministro

2014 Orbán discursa e afirma que Hungria é uma "democracia iliberal", no sentido de privilegiar direitos da comunidade húngara em detrimento de direitos individuais[5]

TERCEIRO MANDATO Primeiro-ministro

2018 Novas leis mudam regras de investimento estrangeiro na Hungria, forçando, por exemplo, a Central European University (CEU) – de oposição ao governo – a transferir suas atividades de Budapeste para Viena

QUARTO MANDATO Primeiro-ministro

2022 No discurso de reeleição para seu quarto mandato como primeiro-ministro, Orbán sinaliza alinhamento a Putin e tece críticas ao presidente ucraniano

Parlamento aprova a décima emenda à Constituição, que permite que o governo declare estado de emergência em caso de conflito armado, guerra ou desastre humanitário em um país vizinho

Polônia Ações/mudanças promovidas pelo governo Duda

PRIMEIRO MANDATO Presidente

2018 Alterações legais ampliam influência do Executivo
sobre o Judiciário
Mudanças legislativas alteram o processo de escolha e nomeação
dos membros do Tribunal Constitucional e do Conselho Nacional
do Judiciário, minando sua independência em relação ao Executivo[6]

2019 Governo Duda exerce maior influência e controle sobre a mídia,
a sociedade civil e o sistema educacional, gerando choques com a
oposição e protestos populares[7]

SEGUNDO MANDATO Presidente

2020 Eleições presidenciais marcadas por acusações de fraudes
eleitorais
Duda é reeleito com pequena margem sobre o candidato
de oposição

Índia Ações/mudanças promovidas pelo governo Modi

PRIMEIRO MANDATO Primeiro-ministro

2014 EM DIANTE Após a eleição de Narendra Modi e seu partido
hindu-nacionalista,[8] observa-se:
Queda na percepção dos níveis das liberdades de expressão,
de imprensa e acadêmica
Gradual e acelerado processo de fechamento do espaço cívico
Ao menos 7 mil pessoas — em sua grande maioria, críticos do regime
— acusadas de sedição[9]
Lei sobre difamação, frequentemente utilizada para silenciar jornalistas
e veículos da imprensa críticos ao governo

SEGUNDO MANDATO Primeiro-ministro

2019 BJP aprova emendas à lei que disciplina prevenção de
atividades terroristas, sendo tal norma utilizada para intimidar
opositores políticos e silenciar acadêmicos
Modi e o BJP são reeleitos, a despeito de acusações de fraude
eleitoral

AUTOCRACIAS CONTEMPORÂNEAS: OS CASOS INTERNACIONAIS **27**

Turquia Ações/mudanças promovidas pelo governo Erdoğan

PRIMEIRO MANDATO Primeiro-ministro

2006 A Turquia era percebida como democracia eleitoral, por conter:[10]
Processos eleitorais essencialmente limpos
Ambiente público de respeito pelas liberdades de expressão e associação
Judiciário independente de investidas políticas
Meios de comunicação livres e críticos ao governo

TERCEIRO MANDATO Primeiro-ministro

2013 Pouco menos de dez anos após Erdoğan assumir o poder, cresce
a percepção de que o espaço democrático turco se desintegrou
Turquia deixa de ser uma democracia eleitoral e passa a ser autocracia
eleitoral[11]

PRIMEIRO MANDATO Presidente

2016 Tentativa fracassada de golpe de Estado militar

2017 Em resposta à tentativa de golpe, Erdoğan realiza referendo
constitucional, sob a justificativa de proteger a democracia turca,
resultando em uma série de mudanças. Dentre as emendas
constitucionais aprovadas, destacam-se:
Sistema parlamentar é substituído pelo presidencial
Abolição do cargo de primeiro-ministro e aumento dos poderes
do presidente
Parlamento tem aumento de assentos de 550 para 600 vagas
Mandato presidencial passa de quatro para cinco anos
Mudanças no quadro de promotores e ministros da Suprema Corte

As informações acima ajudam a delinear os possíveis impactos gerados pela reeleição dos autocratas nos países citados: são momentos de fortalecimento ou consolidação de projetos que legitimam as iniciativas lançadas por eles desde o início de seus governos.

Nesse contexto, o Brasil também tem sido apontado como um dos principais países em processo de recessão democrática. As eleições presidenciais de 2018 foram marcadas por uma intensa polarização política entre a esquerda, representada pelo PT, e a extrema direita, representada por Jair Bolsonaro.

5 Autocracias contemporâneas: o caso brasileiro

> A polarização no Brasil começou a aumentar em 2013 e atingiu níveis tóxicos com a vitória eleitoral do presidente de extrema direita Jair Bolsonaro em 2018.
>
> *V-Dem, Democracy Report 2022:*
> *Autocratization Changing Nature?*

> A intimidação e o assédio nas mídias sociais por parte de grupos de *trolls* pró-governo continua sendo um problema sério no Brasil.
>
> *Freedom House, Freedom in the World 2022:*
> *The Global Expansion of Authoritarian Rule*

Não é surpresa que o Brasil foi olhado com preocupação por diversos institutos e organizações internacionais responsáveis pela produção de índices de qualidade democrática, especialmente no período do governo de Jair Bolsonaro. Segundo o V-Dem, o país figura desde 2019 como um dos dez com maiores tendências de autocratização no mundo, sendo classificado, ao menos desde 2016, como uma democracia eleitoral.[1] No índice do World Justice Project, caiu sete posições em termos de qualidade do Estado de Direito entre 2018 e 2019 e, no ano seguinte, mais dez posições.[2] Vários índices também assinalam queda na liberdade de imprensa e aumento da percepção de corrupção no país.[3]

Localizar os temas que mais chamaram a atenção dos observadores internacionais permite identificar quais áreas apresentaram transformações mais substanciais após a eleição de Bolsonaro. Tais sinalizações, que enxergam o contexto de diversos países por uma lente mais ampla, podem ser complementadas com uma observação detalhada dos mecanismos de operação do governo Bolsonaro. Uma leitura comparada de relatórios periódicos dos institutos V-Dem, Freedom House e World Justice Project, que analisaram diversas dimensões da democracia brasileira nos anos anteriores e posteriores à eleição de 2018, traz indicações sobre a evolução do estado da política brasileira sob o governo Bolsonaro, conforme se apresenta na infografia a seguir, que compila a pontuação do Brasil nos índices gerais de cada uma das organizações. São aferidas a qualidade geral da democracia (V-Dem), a qualidade das liberdades (Freedom House) e a qualidade do Estado de Direito (World Justice Project). Quanto maior a pontuação, maior a qualidade da variável observada. Optamos por registrar as variáveis ressaltadas como centrais pelos institutos para compreender a atual situação brasileira. Os relatórios demonstram que, entre 2018 e 2021, houve queda na qualidade das três dimensões analisadas: democracia, liberdades e Estado de Direito.

V-Dem Democracy Report

	2018	2021
Pontuação total do Brasil	0.56/1	0.51/1

	2018	2021
Democracia eleitoral	0.74/1	0.66/1

	2018	2021
Componentes de liberdades	0.73/1	0.75/1

A situação do Brasil não passou despercebida. No relatório sobre o ano de 2021, o Instituto V-Dem considerou o país um dos cinco na liderança global da autocratização, acompanhado por Hungria, Polônia, Sérvia e Turquia. Destacou o aumento nas práticas de censura à liberdade de expressão e à liberdade de imprensa promovidas pelo governo Bolsonaro. Também sublinhou o caráter antipluralista do governo eleito e seu empenho em mobilizar uma parcela da população a se manifestar em defesa de suas ações, muitas vezes autoritárias e violentas.

No monitoramento da Freedom House, a maior queda do país foi registrada na área de liberdades civis. A organização identificou especificamente uma diminuição das liberdades acadêmica e de expressão, bem como um aumento da desigualdade econômica. Também ressaltou preocupação com o crescente temor da população em se manifestar sobre certos temas sensíveis, como gênero e sexualidade, por poder ser alvo de perseguições e linchamentos virtuais.

Freedom House Liberdade no mundo

	2018	2021
Pontuação total do Brasil	**75**/100	**73**/100
	2018	2021
Liberdades civis	**45**/60	**42**/60
	2018	2021
Direitos políticos	**30**/40	**31**/40

World Justice Project é uma organização internacional da sociedade civil que, entre outras atividades, avalia o Estado de Direito no mundo. Em 2018 e 2021, mediu a adesão ao Estado de Direito em, respectivamente, 113 e 139 países e jurisdições.

World Justice Project Índice de respeito ao Estado de Direito

	2018	2021
Pontuação total do Brasil	0.54/1	0.50/1

	2018	2021
Garantia dos direitos fundamentais	0.57/1	0.48/1

	2018	2021
Restrição dos poderes de governo	0.58/1	0.51/1

	2018	2021
Esforços regulatórios	0.52/1	0.49/1

A análise da erosão democrática do país a partir das lentes desenvolvidas por organizações internacionais indica o grau do declínio da democracia brasileira nos últimos anos. O declínio é perceptível e quantificável e tem alarmado observadores estrangeiros e locais. O caminho para a reconstrução da qualidade democrática, das liberdades e do Estado de Direito brasileiro não é simples.

6 Diagnóstico da erosão: como compreender o autoritarismo bolsonarista?

Os fenômenos identificados por observadores internacionais também foram percebidos pelo LAUT e registrados na plataforma Agenda de Emergência. Além de funcionar como um arquivo das ações e omissões do governo federal que, entre 2019 e 2022, colocaram a democracia brasileira em risco, a ferramenta permite perceber quais são os *mecanismos* utilizados pelo governo para provocar a erosão democrática. O objetivo do monitoramento é registrar os riscos à liberdade e à democracia e auxiliar na percepção e compreensão das variadas manifestações concretas desses riscos nos últimos anos. A Agenda funciona como um mapa do caminho de autocratização que foi trilhado por Bolsonaro e ajuda a vislumbrar qual seria o projeto político legitimado e aprofundado se ele fosse reeleito. Além disso, ajuda a dimensionar o tamanho do desafio de reconstrução que o Brasil tem pela frente.

A Agenda de Emergência traduz as particularidades do autoritarismo político e da redução da institucionalidade democrática por meio de uma classificação que perpassa cinco eixos dentro do que denominamos Estoque Autoritário,[1] detalhados na figura a seguir. De fato, uma mesma ação poderia ser classificada em mais de uma categoria, dada a complexidade dos fenômenos em análise.

Por outro lado, optou-se por classificar cada ação em apenas uma categoria, que seria predominante para sua compreensão. A classificação não supõe sucesso na realização dos objetivos. Mesmo quando não cumpridas as finalidades propostas pelas ações catalogadas, pode-se entender que esses atos são capazes de sinalizar orientações a atores políticos e sociais.

ESTOQUE AUTORITÁRIO

- Redução de mecanismos de controle e/ou centralização
- Violação da autonomia institucional
- Construção de inimigos
- Ataque ao pluralismo e a minorias
- Legitimação da violência e do vigilantismo

Os atos classificados ainda são divididos entre formais e informais. O poder formal consiste naquele poder disciplinado pela legislação e que requer o "uso da caneta" e a observação de ritos e procedimentos. Essa categoria chama a atenção para o uso arbitrário do poder e permite destacar passos de declínio democrático via reformas jurídico-institucionais.

O poder informal é aquele regulado pelos códigos não escritos da vida política e praticado pela linguagem, através de sinais particulares; uma dimensão que o direito não consegue e nem pode regular, mas que produz efeito (positivo ou negativo) na qualidade do regime político (liturgias, discursos, negociações, interações, compromissos olho no olho, apertos de mão, comandos de autoridade etc.).

São indicados abaixo os significados de cada uma das categorias e o número de vezes que apareceram no nosso monitoramento diário de veículos de comunicação, realizado entre janeiro de 2019 e dezembro de 2021. Nesse período, foram mapeados 1.692 atos. Vale dizer que, por viabilidade metodológica do exercício de monitoramento, tal número nunca pretendeu ser exaustivo, mas consegue captar uma lista representativa dos eventos mais importantes em cada categoria.

A frequência com que a classificação foi usada para caracterizar uma ação ou omissão ajuda a delinear os mecanismos utilizados pelo governo federal para minar a democracia. A explicação sobre o significado das categorias também tem como objetivo esclarecer de forma mais exata as formas de operação do autoritarismo bolsonarista.[2]

Redução dos mecanismos de controle e/ou centralização
Número de ocorrências: 424

A redução dos mecanismos de controle e centralização se dá entre diferentes Poderes constituídos ou no interior de um deles, inviabilizando o trabalho de órgãos e agências internas de controle. O Executivo protagoniza essa prática. Como consequência da redução de controle, o poder político resta centralizado sobretudo nas mãos do presidente da República e seus subordinados.

Também é possível que uma centralização de poder decorra do aumento — e não da redução — de mecanismos de controle, o que poderia parecer contraintuitivo. Nesse caso, instauram-se novas formas de controle não para gerar maior responsividade de órgãos estatais aos cidadãos, mas, antes, para disseminar uma cultura de vigilância e censura entre os próprios órgãos do Estado.

Em vez de instaurar controles legítimos à atividade estatal, o governo muitas vezes busca reduzir a capacidade institucional de agências reguladoras e autarquias — que, segundo os parâmetros próprios do direito administrativo, devem ser dotadas de maior autonomia jurídica e financeira — por meio de ingerências em suas competências.

Executivo

JUN.2020 Ministério da Saúde passa a omitir total de mortes por covid-19

JUL.2020 Onze dos 23 ministérios são chefiados por militares; TCU contabiliza 6.157 militares (ativa e reserva) em cargos civis federais[3]

Legislativo

MAIO.2020 Deputada federal Bia Kicis (PSL-DF) defende intervenção militar pró-governo

Judiciário

OUT.2019 Presidente do TJ-SP determina sigilo sobre obra do tribunal para evitar questionamentos

Ministério Público

SET.2019 (SP) e FEV.2020 (PR e RJ) Ministério Público Federal encerra forças-tarefa da Operação Lava Jato

Centralização sem redução de controle

Executivo

MAR.2021 Ministério da Economia passa a analisar denúncias sobre distorções concorrenciais exercidas por agências reguladoras

MAR.—ABR.2021 Servidores do ICMBio e do Ipea passam a ter suas publicações controladas

Legislativo

MAIO.2021 Câmara dos Deputados muda Regimento Interno e diminui instrumentos políticos da oposição

Judiciário

AGO.2020 Ministro do STJ afasta monocraticamente o governador do Rio de Janeiro

Ministério Público

JUN.2020 Subprocuradora-Geral da República Lindôra Araújo aborda força-tarefa da Lava Jato em Curitiba e causa demissão em série de procuradores

Violação da autonomia institucional
Número de ocorrências: 198

A autonomia institucional é violada quando se reduzem a capacidade institucional e as competências dos órgãos e agentes afetados, numa espécie de "evisceração institucional". A prática desrespeita funções e objetivos institucionais, tendo por resultado, muitas vezes, o esvaziamento de órgãos e outras instituições da administração pública a partir de posições político-ideológicas e interesses partidários.

Tal violação pode se dar de forma pontual e decisiva ou se protrair ao longo do tempo, seja por meio de nomeações de pessoal desqualificado, exonerações de técnicos, vacância intencional de cargos importantes, assédio de servidores ou desrespeito a autoridades.

Executivo
FEV.2019 Maioria dos Superintendentes estaduais do Ibama é exonerada, o que é considerado irregular em OUT.2020 pelo TCU

SET.2019 Decreto destitui representantes eleitos e reduz participação de entidades sociais em vários conselhos participativos

MAIO–SET.2020 Ministério da Saúde fica cerca de quatro meses sem ministro titular após a saída de Nelson Teich alegando interferência excessiva do presidente

Legislativo
DEZ.2021 Arthur Lira barra 86 Projetos de Decretos Legislativos, instrumentos de controle dos decretos e portarias do Executivo

Judiciário
JUL.2020 Decisão da 3ª Câmara Criminal (3ª CC) do Tribunal de Justiça do Rio de Janeiro (TJ–RJ) concede foro especial a Flávio Bolsonaro, a despeito de jurisprudência do STF em sentido contrário

Ministério Público
SET.2020 Em um ano como PGR, Augusto Aras se alinha ao governo em mais de trinta manifestações

Construção de inimigos
Número de ocorrências: 620

Essa categoria busca detectar eventos nos quais atores políticos não só antagonizam, mas negam a própria legitimidade de outros atores ou instituições. Supõem a legitimidade apenas daqueles que expressam visões de mundo e formas de vida semelhantes. Não se trata de qualquer oposição do "nós" contra "eles", mas de um antagonismo que nega ao outro lado a condição de membros da comunidade política, com direito de competir em condições de igualdade. Em outras palavras, representantes desse "outro lado" passam a não ser mais considerados como pertencentes ao "povo". Nos termos da literatura do populismo, essa construção de inimigos se relaciona à polarização da sociedade entre uma elite corrupta a ser combatida e um "povo" íntegro e unificado. Os "inimigos" construídos pelo governo são, por um lado, grupos sociais ou categorias profissionais específicas, como jornalistas, ativistas ambientais, cientistas e servidores públicos. Frequentemente, são associados a ideologias de esquerda e considerados "comunistas". Por outro lado, instituições e entidades ligadas à ciência e à cultura, também são alvo de descrédito.

Executivo
JAN.2020 Jair Bolsonaro afirma que pessoas de esquerda "não merecem ser tratadas como se fossem pessoas normais"

Legislativo
FEV.2021 Daniel Silveira, deputado federal, publica vídeo de ataque a ministros do STF e exalta o AI–5, marco da ditadura militar

Judiciário
JUN.2021 Nunes Marques, ministro do STF nomeado por Bolsonaro, aciona PGR contra Conrado Hübner Mendes, professor da USP e pesquisador do LAUT, por causa de texto publicado na *Folha de S.Paulo*

Ministério Público
ABR.2020 MPF instaura inquérito sobre estudo científico que aponta para ineficácia da cloroquina para tratamento da covid–19

Ataque ao pluralismo e a minorias
Número de ocorrências: 235

O ataque ao pluralismo e a minorias também parte, como na categoria anterior, do pressuposto de unificação da sociedade em torno de pautas substantivas comuns em detrimento do dissenso característico das sociedades contemporâneas. Com a rejeição do pluralismo e a discriminação de minorias, ganha preponderância uma política substantiva, menos racional e discriminatória, pautada por concepções restritas.

Nesses casos, o objetivo não é tanto construir inimigos discursivamente ou por meio de políticas que inibem sua atuação, tal como na "construção de inimigos", mas atacar minorias historicamente discriminadas. Nesse sentido, políticas que alvejam mulheres, negros, migrantes e a população LGBTQIAP+ são exemplificativas.

Executivo
SET.2019 Ministra do Ministério da Mulher, da Família e dos Direitos Humanos denuncia revista ao Ministério Público (MP) por reportagem sobre aborto legal

Legislativo
AGO.2020 Deputados estaduais pernambucanos Joel da Harpa (PP-PE) e Clarissa Tércio (PSC-PE) se mobilizam para impedir aborto legal de menina de dez anos

Judiciário
SET.2021 Adiamento do julgamento do marco temporal pelo STF ameaça direitos indígenas garantidos pela Constituição

Ministério Público
OUT.2019 PGR pede arquivamento de ação para indenização de indígenas pela construção de hidrelétrica na época da ditadura militar

Legitimação da violência e do vigilantismo
Número de ocorrências: 215

As bases sociais e estatais violentas são talvez o exemplo mais paradigmático da renovação de um estoque autoritário brasileiro. Ainda que possa ser entendida como traço característico de todo ato autoritário, a violência tal qual entendida nos termos desse eixo de ações autoritárias no Brasil recente tem pretensões conceituais mais específicas.

Essa violência envolve a exibição de força, ainda que não necessariamente física. São exemplares, nesse sentido, os discursos que insuflam o sentimento de insegurança daqueles que vivem em centros urbanos, que elogiam e incentivam operações policiais "performáticas" e violentas e incorporam elementos da retórica de construção de inimigos.

Executivo
JAN.2019 É editada uma série de decretos que flexibilizam porte e posse de armas

Legislativo
SET.2019 Congresso Nacional aprova lei que amplia permissão de armas na área rural

Judiciário
MAR.2021 TRF-5 permite comemoração do golpe militar na página institucional do Ministério da Defesa

Ministério Público
JUL.2021 Investigação do homicídio de Marielle Franco e Anderson Gomes enfrenta obstáculos e possível interferência no MP-RJ

PARTE II

Políticas sociais comparadas

Dado o panorama sobre o perigo da reeleição de autocratas, parte-se à exploração de quais são os ataques específicos às instituições e culturas democráticas em países que sofreram processos recentes de autocratização. Enumerar estratégias empregadas por líderes reeleitos ou reconduzidos aos cargos por meio de procedimentos formalmente democráticos não é afirmar que todas elas serão copiadas em outras partes do mundo. Contar essas histórias importa não apenas para alertar sobre os riscos e diagnosticar os gargalos nas democracias, mas também como forma de chamado à ação política — pois democracia é um projeto que, muito longe de se esgotar, deve ser diariamente construído e reafirmado.

No entanto, há um arsenal acumulado de ferramentas comuns, empregadas por autocratas, que contribuem para a erosão democrática em diversos países. Não à toa se fala em "receita russa" ou "receita húngara" de processos de autocratização. Hoje, há quem diga que mesmo o Brasil se tornou, sob o comando de Bolsonaro, um polo exportador de técnicas e modelos de opressão e erosão da democracia. Retomar os instrumentos operados por Bolsonaro, mesmo que não reeleito, evidencia seu alinhamento com outras autocracias ao redor do globo. Além disso, evidencia quais caminhos podem ser retomados por ele — ou por algum herdeiro de seu projeto político — no caso de uma futura eleição de 2026. Nesse sentido, ressaltar a gravidade do caminho autocrático trilhado por Bolsonaro também demonstra a necessidade de responsabilizá-lo e responsabilizar os envolvidos no seu governo pelos ataques feitos à democracia.

As estratégias observadas, portanto, possibilitam comparar, de alguma forma, realidades locais. Apesar de terem peculiaridades e diferenças inerentes a cada conjuntura, essas estratégias permitem observar em detalhe processos similares de queda da qualidade democrática. Cada uma delas, por sua vez, pode envolver um conjunto de táticas empregadas para ação política, que também serão exploradas.

Os principais exemplos aqui abordados tratarão das realidades brasileira, indiana, húngara, polonesa e turca. Enquanto Brasil e Índia já se destacaram como duas das maiores democracias do mundo em termos populacionais (a Índia em primeiro lugar), mesmo apresentando um histórico violento de colonização e desigualdades sociais, Hungria e Polônia são países bem menores e lidam com outros tipos de herança e caracterização: o legado comunista do século passado e a presença em um dos blocos econômicos de maior vulto global, a União Europeia.

Foram selecionados três campos de políticas públicas para análise a partir de revisão bibliográfica: educação, espaço cívico e segurança pública. Todos envolvem alguma concertação entre cultura política e institucionalidade democrática, revelando investidas legais e extralegais (principalmente relacionadas ao abuso de força física), medidas formais e informais das autoridades governamentais e diferentes tipos de manifestação pública de cidadãos (da participação na administração pública a protestos e atos de desobediência ou repúdio).

Educação, espaço cívico e segurança pública, áreas de especial interesse aos líderes autoritários, são frequentemente cerceados desde seus primeiros mandatos. Nelas, é possível observar a disseminação da autocensura, do medo e da desconfiança, que atrofiam o projeto democrático. Sem estudantes e acadêmicos críticos, uma esfera pública vibrante e políticas de proteção aos cidadãos, entre tantos outros aspectos relevantes, as democracias vão perdendo seus lastros de legitimidade e confiança recíproca, sem os quais não sobrevivem.

No Brasil não é diferente: desde o início de seu mandato, Bolsonaro investiu em ataques a essas áreas. Nomeações de reitores temporários, extinção e esvaziamento de conselhos participativos e defesa do uso ostensivo de coerção física por forças de segurança são apenas alguns exemplos desses ataques. Diversas organizações da sociedade civil e estudiosos reportaram, em consequência, o enfraquecimento da autonomia universitária, a desinstitucionalização de políticas públicas e de iniciativas de diálogo com a sociedade civil e o aumento vertiginoso do registro de armas de fogo por agentes privados.

Nos próximos capítulos, analisamos as principais estratégias e táticas autoritárias em políticas públicas de educação, espaço cívico e segurança.

1 Educação

A educação é uma política pública central para o desenvolvimento dos Estados e dos regimes democráticos.[1] Por meio dela é possível alcançar objetivos essenciais à democracia, como a emancipação dos indivíduos e a formação de cidadãos, o preparo e a qualificação de mão de obra para o mercado de trabalho, a produção e o desenvolvimento do conhecimento e da pesquisa científica, a análise, a avaliação, a crítica e a melhoria das instituições democráticas e do sistema político, entre outras funções.[2]

Não é incomum que governos autoritários ou com tendência autoritária tentem controlar a educação com o objetivo de alinhar o pensamento e a produção científica aos seus interesses.[3] Nesse processo, atacam direitos e liberdades comunicacionais no intuito de silenciar os críticos ao regime e fragilizar a oposição — que, muitas vezes, conta com a participação de membros acadêmicos, instituições de pesquisa e outros atores do contexto educacional. A seguir são apresentados exemplos de investidas autoritárias em regimes até então tidos como democráticos no âmbito de políticas educacionais, tanto na educação básica como no ensino superior.

Educação básica

No campo da educação básica, diversas estratégias e táticas foram adotadas pelos autocratas na tentativa de controlar os conteúdos ensinados e os comportamentos das crianças e dos jovens. O interesse em conformar a educação básica com as ideologias defendidas pelos regimes no poder é o principal elo comum entre os países observados. Para isso, duas principais estratégias foram colocadas em prática: tentativas de controle político-ideológico e de revisionismo histórico-científico a partir das políticas educacionais.

CONTROLE POLÍTICO-IDEOLÓGICO

Uma das principais estratégias adotadas pelos governos de tendência autoritária se faz na tentativa de exercer controle político-ideológico[4] sobre a população por meio de alterações no sistema básico de educação. Essas tentativas possuem origens diversas, mas têm em comum o esforço dos governos para produzir mudanças na educação básica com o intuito de transmitir e confirmar nas políticas educacionais valores alinhados às suas ideologias políticas. Nesse sentido, é possível enxergar algumas táticas e temas que costumam se repetir nesses contextos:

Combate a uma suposta "doutrinação" da esquerda e/ou comunista na educação;

Deslegitimação de questões de gênero, com frequentes ataques à denominada "ideologia de gênero", tida como deturpadora da moral e da inocência das crianças e dos jovens;

Exaltação nacionalista, por meio da educação, com a retomada e o fortalecimento de valores, marcos históricos, líderes e governos vislumbrados como símbolos do nacionalismo e patriotismo, em oposição a uma lógica de globalização e multiculturalismo.

Combate à "doutrinação" da esquerda/comunista

O combate a uma suposta "doutrinação" da esquerda ou comunista na educação aparece como argumento recorrente na retórica de autocratas de direita e extrema direita, sustentando que o sistema de ensino estaria corrompido por professores e vieses que só expressariam uma versão dos fatos, isto é, a visão da esquerda política.

Nesse sentido, movimentos de bases conservadoras costumam apontar que essa suposta "doutrinação" da esquerda violaria a liberdade de ensino e aprendizagem dos educandos, sua emancipação educacional e o desenvolvimento do pensamento crítico.[5] Sobre as diferenças entre educação e "doutrinação", enquanto a primeira construiria um ambiente plural e aberto ao conhecimento, expondo diversas versões de um mesmo tema aos educandos, a última só apresentaria "um lado da história", muitas vezes sem bases teóricas e apresentação de fontes, de modo que somente determinada narrativa seria apresentada como verdadeira.[6]

No Brasil, Jair Bolsonaro se apresentou durante as eleições presidenciais de 2018 como um candidato de oposição à esquerda política, até então dominante no âmbito federal em razão dos governos Lula (2002-10) e Dilma (2010-16), do PT. As propostas e os discursos de Bolsonaro, tanto nas eleições presidenciais como durante seu mandato, são comumente vistos como de "extrema direita", "ultraliberais" ou "ultraconservadores".[7]

No campo educacional, o ex-presidente e seu governo colecionaram episódios em que defendiam a necessidade de combater uma suposta "doutrinação" realizada pela esquerda política na educação básica, interpretada como uma forma ilegítima de controlar o pensamento e as ações das crianças e dos jovens educandos. Nesse sentido, Bolsonaro se valeu frequentemente da estratégia de apontar o comunismo, o socialismo e o marxismo como figuras inimigas de seu governo e da definição, construída por ele e seus aliados, do "verdadeiro sentido" da pátria brasileira.

Essa prática se assimila à lógica populista de divisão da sociedade em dois grandes blocos a partir da construção das imagens de "povo" e "inimigos do povo".[8] Enquanto o primeiro corresponderia aos verdadeiros cidadãos que compõem o "povo brasileiro", pautados por valores como nacionalismo, patriotismo, moral e bons costumes, o segundo seria formado por atores sociais que tentariam corromper os valores fundantes das noções de "povo" e "pátria".

Um dos exemplos dessa tática diz respeito ao alinhamento de Bolsonaro e seus apoiadores ao movimento Escola sem Partido.[9] Esse movimento defende, entre outros pontos, uma suposta neutralidade política na educação, segundo a qual não seriam permitidos, por exemplo, o posicionamento político de professores em sala de aula e o ensino de teorias tidas como ideológicas. Em 2019, o então ministro da Educação Abraham Weintraub defendeu que os alunos da educação básica teriam o direito de filmar os professores em sala de aula, após uma aluna questionar um professor crítico ao governo. Em episódio semelhante, o Ministério da Educação (MEC) enviou

EDUCAÇÃO

um ofício a todas as secretarias estaduais e municipais de educação do país orientando a manutenção de ambientes escolares "sem doutrinação". De acordo com a pasta, o alerta serviria para "coibir excessos" praticados pelos professores em sala de aula. A iniciativa foi chamada de "Escola de Todos".

Já na Polônia, um dos lemas do primeiro mandato do presidente Andrzej Duda foi o slogan "nós devemos proteger as crianças". A proteção aqui referida tratou da oposição a "ideologias de esquerda", "questões de gênero" e "multiculturalismo", entre outras perspectivas vistas pelo governo como nocivas a crianças e jovens educandos.[10]

Nos países analisados, foram observados os seguintes expedientes de combate à "doutrinação" da esquerda:

Brasil

PRIMEIRO MANDATO

Alinhamento do governo Bolsonaro com o movimento
Escola sem Partido.

Ministro da Educação defende que alunos têm direito de filmar
professores em sala de aula para denunciar e coibir "excessos"

MEC envia carta a secretarias estaduais e municipais de educação
recomendando ambiente escolar "sem doutrinação"

Polônia

PRIMEIRO MANDATO

Um dos slogans do governo Duda e seu partido (PiS), "nós devemos
proteger as crianças", pressupõe o combate a ideologias de
esquerda na educação

Deslegitimação de questões de gênero

> Eles estão tentando nos convencer de que são pessoas, mas esta é uma ideologia [...] ainda mais destrutiva para o ser humano [do que o comunismo].
>
> *Andrzej Duda, em discurso pela reeleição, 2020*

A deslegitimação de questões de gênero na educação e o combate à chamada "ideologia de gênero" pressupõem que questionar a definição dos gêneros para além do critério biológico seria uma forma de corrupção moral de crianças e jovens. Isso se relaciona a movimentos conservadores que defendem a dualidade masculino/feminino e a heteronormatividade enquanto guias das relações sociais.[11] Esse tipo de estratégia tem sido sustentada por governos e movimentos populistas de extrema direita em diferentes partes do globo.[12]

No Brasil,[13] Bolsonaro solicitou ao MEC a elaboração de um projeto de lei que proibisse políticas educacionais sobre gênero, a despeito de o Supremo Tribunal Federal (STF) já ter declarado a inconstitucionalidade de diversas leis com esse teor.[14] A gestão Bolsonaro também tem sido acusada de tentar aparelhar ideologicamente o Exame Nacional do Ensino Médio (Enem). Em 2019, o presidente do Instituto Nacional de Estudos e Pesquisas Educacionais Anísio Teixeira (Inep), órgão responsável pela elaboração do Enem, foi exonerado três dias após Bolsonaro ter criticado a edição de 2018 do exame por conter questões com temática LGBTQIA+. Após esse episódio, foi criada uma comissão no Inep para analisar a presença de conteúdos sobre "ideologia de gênero" na prova, no intuito de retirá-los das edições posteriores.

Na Polônia, a mesma bandeira política encampada pelo presidente Duda e seu partido Lei e Justiça (PiS) para defender o combate à "doutrinação" da esquerda na educação (por meio do slogan "nós devemos proteger as crianças") também foi utilizada para criticar questões de gênero na educação.[15] Em 2020, quando Duda foi reeleito para o segundo mandato presidencial, um dos pontos-chave para sua reeleição foi o combate a questões de gênero e a pautas LGBTQIA+.

Já em 2021, o ministro da Educação polonês apresentou um projeto de lei ao Parlamento propondo uma reforma no sistema básico de educação. Entre as novas regras, o projeto previa a centralização do controle das escolas públicas pelo Poder Executivo. A iniciativa foi amplamente criticada pela oposição por ser vista como uma tentativa política de controle e alinhamento ideológico das escolas com a base nacional-conservadora que compõe o PiS. O ministro da Educação argumentou que o novo sistema educacional seria necessário para "proteger as crianças da corrupção moral". O projeto foi aprovado pelo Parlamento polonês, mas vetado pelo presidente Duda, sob justificativa de que o país não deveria enfrentar "conflitos políticos naquele momento". No discurso de veto, Duda pediu que os parlamentares deliberassem sobre um projeto de lei tratando da segurança nacional polonesa (sobre esse ponto, veremos mais informações no eixo que trata de políticas de segurança pública).

Nos países analisados, foi possível observar as ações abaixo para deslegitimar o debate sobre gênero:

Brasil

PRIMEIRO MANDATO

Bolsonaro solicita ao MEC a elaboração de projeto de lei que proíba questões de gênero na educação

Exoneração do presidente do Inep, órgão responsável pelo Enem, três dias após Bolsonaro criticar a edição de 2018 do exame por conter questões LGBTQIA+

Criação de comissão no Inep para analisar conteúdos sobre "ideologia de gênero" no Enem

Polônia

PRIMEIRO MANDATO

"Nós devemos proteger as crianças", slogan do governo Duda, também defende o combate à alegada "ideologia de gênero"

SEGUNDO MANDATO

Um dos pontos-chave para a reeleição de Duda em 2020 foi seu discurso de combate a questões de gênero e a pautas LGBTQIA+

Exaltação nacionalista

> Vi que alguns bairros tiveram votação e não aceitaram [militarização de escolas]. Me desculpa, não tem que aceitar, não. Tem que impor.
>
> *Jair Bolsonaro, no lançamento de programa*
> *para criação de escolas cívico-militares, 2019*

A exaltação do nacionalismo e do patriotismo na educação também tem sido mobilizada por governos autoritários a partir da aprovação de reformas educacionais nos países observados. A lógica por trás de tais mudanças está, em muitos dos casos, atrelada ao saudosismo governamental dos líderes atuais em relação a outros períodos da história política de seus respectivos países, garantindo afinidade ideológica entre o passado e o presente. No caso brasileiro, há os constantes elogios de Bolsonaro — militar reformado — ao regime militar (1964-85); no caso húngaro, a exaltação de Orbán e seus aliados ao regime fascista de Miklós Horthy (1920-44); e, no caso turco, a afinidade entre o presidente Erdoğan e o líder Kemal, responsável pela fundação da República turca com o fim do Império Otomano (1923).

Nos casos recentes de governos populistas, a educação cívica tem recebido abordagens como a militarização, a religiosidade, a xenofobia, entre outras, para destacar valores tidos como "patrióticos" pelos regimes no poder.[16]

No Brasil, o governo Bolsonaro instituiu em 2019 o Programa Nacional das Escolas Cívico-Militares (Pecim), que incentiva a criação em todo o país de escolas sob gestão de militares em parceria com civis (Decreto nº 10.004/2019). O programa prevê a implementação de 216 escolas nesse formato até o fim de 2023. A adesão de estados e municípios é voluntária, e, a despeito disso, Bolsonaro afirmou, no lançamento do programa: "Não tem que aceitar, não. Tem que impor". O então ministro da Educação Abraham Weintraub afirmou que o foco do Pecim seria "colocar na cabeça de toda essa garotada a importância dos valores cívico-militares, como tínhamos há pouco no governo militar, sobre educação moral e respeito à bandeira".

Já na Hungria, em 2020, durante o terceiro mandato de Orbán como primeiro-ministro, o Parlamento aprovou uma reforma educacional a partir de um novo currículo escolar (NAT).[17] Dentre as mudanças realizadas, destaca-se a inserção de uma abordagem mais nacionalista na educação básica por meio da exaltação de governos tidos por Orbán como símbolos do patriotismo húngaro. O NAT foi amplamente criticado por professores e organizações estudantis, que enxergaram a mudança curricular como uma tentativa de controle político-ideológico da educação pelo governo.

Na Turquia, o presidente Erdoğan propôs em 2020 uma reforma educacional "substantiva", pois, segundo ele, não bastariam as mudanças rotineiras de currículo para que as crianças e os jovens fossem "devidamente educados" de acordo com valores familiares turcos. Erdoğan criticou a mídia e a importação da cultura ocidental, e as responsabilizou pelo enfraquecimento, nos últimos anos, da educação tradicional turca e da influência familiar na educação.

As práticas e os discursos de exaltação nacionalista pelos autocratas costumam ser acompanhadas de retóricas anti-imigração e de desvalorização do multiculturalismo. No caso de Orbán, a exaltação da cultura húngara e do cristianismo é comumente atrelada a ataques a imigrantes e religiosos não cristãos.[18] Já no caso turco, Erdoğan exalta a tradição da sociedade turca e o islamismo — religião predominante na Turquia — e ataca o cristianismo e a cultura ocidental.[19] Nos EUA, a gestão Trump foi marcada por uma série de ataques xenófobos por parte do então presidente a imigrantes, em especial mexicanos, e à comunidade islâmica.[20] Os autocratas dos países analisados lançaram mão das seguintes ações de exaltação de valores nacionais:

Brasil

PRIMEIRO MANDATO
Programa Nacional das Escolas Cívico-Militares instituído pelo governo Bolsonaro
Diversas manifestações de Bolsonaro, membros do governo e Ministério da Defesa exaltando a ditadura militar

Hungria

TERCEIRO MANDATO
Reforma educacional com aprovação de novo currículo escolar (NAT), com abordagem nacionalista e de exaltação de governos húngaros do passado com identidade fascista

Turquia

SEGUNDO MANDATO
Erdoğan propõe reforma educacional no intuito de "recuperar" valores nacionalistas e familiares no sistema de ensino turco

REVISIONISMO HISTÓRICO-CIENTÍFICO

Outra estratégia de investida autoritária na educação diz respeito a tentativas de revisionismo histórico-científico.[21] Essa prática tem ocorrido especialmente a partir de táticas como:

Tentativas de mudanças nos núcleos curriculares e nos livros didáticos utilizados nos sistemas de educação básica;

Alterações na abordagem de fatos históricos, por vezes marcadas pela ausência de respaldo científico e pela reescrita de narrativas e fatos comprovados.

Mudanças em currículos escolares e livros didáticos

> Em 2021, todos os livros [didáticos] serão nossos. Feitos por nós. Os pais vão vibrar. Vai estar lá a bandeira do Brasil na capa, vai ter lá o hino nacional. Os livros hoje em dia, como regra, é um montão de amontoado de muita coisa escrita, tem que suavizar aquilo.
>
> *Jair Bolsonaro, 2020*

O caráter ideológico dos currículos escolares já é apontado por estudiosos da educação e da ciência política há tempos.[22] Tendo isso em vista, governos que tentam reduzir ou extinguir a oposição ao seu regime costumam se valer de alterações nos currículos escolares e livros didáticos para conformar, desde cedo, o pensamento e a formação das crianças e dos jovens às suas ideologias políticas e às suas interpretações dos fatos históricos.

No Brasil, o Ministério da Educação alterou, no início de 2019, o Programa Nacional do Livro Didático (PNLD), voltado para a aquisição de livros escolares, retirando compromissos que defendiam a não violência contra mulheres e que promoviam a cultura quilombola. No mesmo ano, o então ministro da Educação Ricardo Vélez defendeu que os livros didáticos brasileiros deveriam ser alterados para transmitir aos alunos a "ideia verídica, real" do que foi o regime militar brasileiro. Já a edição de 2019 do Enem não continha questões sobre o período militar, fato que não acontecia no exame desde 2009. Em 2020, durante entrevista no Palácio do Planalto, o presidente Bolsonaro afirmou que, a partir de 2021, os livros didáticos seriam alterados para "suavizar" certos conteúdos.

Na Turquia, Hungria e Polônia, táticas parecidas foram adotadas a partir de alterações nos livros didáticos e nos sistemas de educação básica. O elo comum dessas mudanças passa por abordagens mais nacionalistas e religiosas na educação. Na Hungria, o novo currículo escolar (NAT) fez mudanças especialmente em áreas como história e literatura, excluindo dos livros didáticos momentos históricos em que a Hungria foi derrotada em guerras e, por outro lado, ressaltando governos de tendência fascista como símbolos do patriotismo húngaro.

Já na Polônia, mudanças em livros didáticos foram responsáveis por apresentar abordagens diversas sobre imigrantes. Enquanto imigrantes ucranianos são retratados como bons exemplos de trabalhadores que podem preencher os espaços existentes no mercado polonês, outros imigrantes, de culturas e religiões diferentes das predominantes na Polônia, são apontados como potenciais causadores de conflitos sociais. Na Turquia, por sua vez, o currículo escolar de 2017 diminuiu a abordagem sobre a teoria evolucionista de Charles Darwin, amplamente aceita pela ciência para explicar a evolução das espécies, e enfatizou a teoria criacionista, visão religiosa que explica o surgimento da humanidade.

As mudanças nos currículos e nos livros didáticos incluíram as seguintes medidas nos países analisados:

Brasil

PRIMEIRO MANDATO

MEC altera Programa Nacional do Livro Didático, excluindo compromissos com a não violência contra mulheres e a defesa da cultura quilombola

Ministro da Educação afirma que os livros didáticos deveriam ser alterados para espelhar a "verdade" sobre a ditadura militar

Enem 2019 não contém questões sobre o período militar, fato que não ocorria desde 2009

Bolsonaro afirma ser necessário alterar livros didáticos para "suavizar" conteúdos

Hungria

TERCEIRO MANDATO

Novo currículo escolar (NAT) faz mudanças em áreas como história e literatura, excluindo dos livros didáticos momentos históricos em que a Hungria foi derrotada em guerras

Polônia

PRIMEIRO MANDATO
São realizadas mudanças em livros didáticos para incluir abordagens diversas sobre imigrantes: ucranianos seriam "bons exemplos" de trabalhadores, enquanto outros grupos étnicos e religiosos gerariam conflitos sociais na sociedade polonesa

Turquia

PRIMEIRO MANDATO
Currículo escolar de 2017 diminui abordagem sobre a teoria evolucionista de Charles Darwin — amplamente aceita pela ciência — e enfatiza a teoria criacionista, visão religiosa que explica o surgimento da humanidade

Alteração de narrativas e fatos históricos

Como principal consequência das alterações dos currículos escolares e livros didáticos, tendo em vista o interesse dos governos em revisar interpretações históricas que explicitam o autoritarismo de suas práticas, está a alteração de narrativas e abordagens de momentos históricos, suavizando certos contextos políticos e deturpando outros.

Exemplos disso, nos países observados neste livro, incluem as tentativas de relativização da existência e dos efeitos do período militar no Brasil (1964-85) por parte de Bolsonaro e seus aliados. A estratégia é tratar a ruptura da ordem democrática como um "movimento de apoio popular" e como marco de avanço institucional da política brasileira, em vez de reconhecer a existência do golpe de Estado que instaurou uma ordem violadora de direitos fundamentais e liberdades civis.

Na Hungria, mudanças feitas no sistema básico de educação por meio do novo currículo escolar (NAT) também alteraram as narrativas e fatos históricos ao apagar dos livros didáticos as passagens em que o país foi derrotado em guerras e ao reescrever leituras sobre governos húngaros de tendência fascista.

A educação básica, portanto, tem sido alvo de interferências de caráter autoritário nos países observados e comparados a partir de estratégias como o controle político-ideológico do que se ensina, por meio do combate à suposta "doutrinação" da esquerda, da deslegitimação de questões de gênero na educação e da exaltação de valores nacionalistas e religiosos. Além disso, outra estratégia que tem afetado a educação básica é a tentativa de revisionismo histórico-científico, seja por meio de alterações em livros didáticos e bases curriculares, seja pela reconstrução, sem respaldo científico, de narrativas e fatos históricos relacionados a períodos e governos autoritários.

A busca por alterar e distorcer fatos históricos teve as seguintes características no Brasil e na Hungria:

Brasil

PRIMEIRO MANDATO

Bolsonaro, ministros da Educação e outros membros do governo tentam alterar narrativa de golpe militar para "movimento político de apoio popular"

Hungria

TERCEIRO MANDATO

Narrativas sobre governos húngaros fascistas são alteradas nos livros didáticos, sendo vistas como exemplos de nacionalismo e patriotismo — alinhamento ideológico entre governo Orbán e outros governos húngaros de tendência autoritária.

Ensino superior

No âmbito do ensino superior, as universidades e os acadêmicos se tornaram alvos centrais de diversos ataques perpetrados por autocratas. As instituições de ensino superior e os atores educacionais — professores, alunos, pesquisadores — desempenham papéis essenciais aos regimes democráticos.[23] Isso ocorre não só por representarem espaços e sujeitos de produção do conhecimento científico e de capacitação de mão de obra para o mercado de trabalho, mas também por avaliarem a execução de políticas públicas centrais ao Estado e por permitirem que, por meio do debate público, a atuação das instituições e dos atores políticos esteja sob escrutínio da sociedade.[24]

Por tais razões, é comum que governos autoritários controlem e conformem a atuação das universidades e dos acadêmicos aos seus interesses e inclinações políticas. Por atuarem muitas vezes como espaço de oposição e resistência a políticas autoritárias, as universidades se tornam alvo de interferências políticas e ataques estatais que reduzem sua autonomia. O relatório do LAUT "Retrato dos ataques à liberdade acadêmica no Brasil: sistematização das violações com maior repercussão midiática no país desde 2019" apresenta um panorama desses ataques.

A liberdade acadêmica pode ser compreendida como um valor que protege e assegura tanto liberdades dos atores educacionais — professores, alunos e pesquisadores — como garantias às instituições de ensino superior para que a produção científica seja realizada de maneira livre e independente de constrangimentos estatais ou privados.[25]

Dessa forma, a liberdade acadêmica pode ser vista a partir de duas principais dimensões.[26] Primeiro, a dimensão individual, que tutela direitos e liberdades dos docentes, discentes e pesquisadores, a exemplo das liberdades de aprender, ensinar, pesquisar e divulgar o pensamento científico. Segundo, a dimensão institucional, que garante direitos e autonomias às universidades e centros de pesquisa a partir do autogoverno das instituições acadêmicas, da capacidade de tomada de decisões acerca do ensino, da pesquisa e da extensão (autonomia didático-científica), do uso dos recursos financeiros (autonomia financeira), da estrutura administrativa e do quadro de pessoal, e da participação da comunidade acadêmica na escolha de seus representantes (autonomia administrativa).[27]

A seguir, duas dimensões servem de parâmetro para expor os tipos de estratégias observadas em políticas violadoras da liberdade acadêmica: interferências na autonomia universitária e ataques às liberdades individuais de acadêmicos.

INTERFERÊNCIAS NA AUTONOMIA UNIVERSITÁRIA

A dimensão institucional da liberdade acadêmica se refere ao livre funcionamento das instituições de ensino superior e de pesquisa, que são geralmente protegidas em democracias. Para organizar as áreas de autonomia universitária, utilizaremos a divisão prevista na Constituição brasileira.[28]

Autonomia administrativa
Autonomia didático-científica
Autonomia financeira e de gestão patrimonial

Interferências na autonomia administrativa

> Abster-se de declarações ou ações, incluindo propostas políticas, que estigmatizam o ensino superior, acadêmicos ou estudantes e de outra forma corroem as condições de segurança, liberdade acadêmica ou autonomia institucional dentro e entre as instituições de ensino superior brasileiras.
>
> *Scholars At Risk, em recomendação ao Estado brasileiro, Free to Think, Scholars at Risk, 2019*

A interferência na autonomia universitária administrativa diz respeito à possibilidade de organização interna das universidades a partir da elaboração de normas, comumente estatutos e regulamentos, que versem sobre estrutura, recursos humanos, direção, emissão de diplomas, entre outros pontos.[29]

Um dos principais atributos da autonomia administrativa é a participação das comunidades universitárias no processo de escolha e nomeação dos dirigentes das universidades públicas. Assim, uma das formas de interferência política vista como antidemocrática ocorre quando o presidente da República ou o encarregado da nomeação não respeita a escolha e a vontade da comunidade acadêmica.

O presidente ou encarregado busca nomear aliados políticos para ocuparem os cargos de direção. Na maioria dos casos, isso permite um alinhamento entre o governo no poder e o comando das universidades públicas, o que pode resultar no aparelhamento político-ideológico das instituições de ensino. Desse modo, a liberdade de agir e a tomada de decisões universitárias restam afetadas. Exemplos recentes de interferências na autonomia administrativa, em especial no processo de escolha e nomeação dos reitores universitários, têm acontecido no Brasil, na Turquia e na Hungria.

No Brasil, o presidente Bolsonaro tentou, sem sucesso, alterar a legislação que define o processo de escolha e nomeação dos dirigentes universitários federais. As tentativas levavam à redução ou até mesmo à exclusão da participação da comunidade acadêmica. De forma geral, o processo de escolha e nomeação dos dirigentes no Brasil costuma seguir quatro etapas: membros da comunidade universitária formam chapas eleitorais e se candidatam à reitoria da universidade; a comunidade acadêmica, composta por professores, alunos e funcionários, vota em uma das chapas a partir de eleição direta; após os resultados da eleição, o conselho universitário — órgão deliberativo da universidade — elabora uma lista tríplice contendo os nomes dos três primeiros colocados na eleição; e a lista tríplice é encaminhada ao Ministério da Educação, cabendo ao presidente da República realizar a nomeação do novo reitor a partir de um dos três nomes constantes na lista.[30]

Bolsonaro editou duas medidas provisórias[31] que alteravam etapas desse processo. Primeiro, em 2019, a Medida Provisória (MP) nº 914/2019 esvaziava a participação dos conselhos universitários na elaboração das listas tríplices, deixando de ser obrigatória. Porém, ela foi amplamente contestada por organizações universitárias e perdeu sua vigência por não ser apreciada pelo Congresso Nacional. Já no segundo caso, durante o estado de emergência sanitária gerado pela pandemia da covid-19 em 2020, Bolsonaro editou uma nova medida para permitir que o MEC nomeasse reitores temporários para as universidades federais sem que a comunidade acadêmica fosse consultada. Novamente, a ação foi duramente criticada por organizações acadêmicas e atores políticos. Não foi sequer apreciada pelo Congresso, já que o então presidente do Senado Federal a devolveu por considerá-la ofensiva à autonomia universitária e à gestão democrática das universidades. No mesmo dia, Bolsonaro revogou a medida.

Além de tentativas fracassadas de alterar a legislação sobre o processo de escolha e nomeação dos dirigentes universitários, Bolsonaro realizou, desde o início de seu mandato em 2019 até setembro de 2021, ao menos dezoito nomeações de reitores federais que não seguiram o primeiro colocado das listas tríplices. Em alguns casos, os nomeados nem sequer figuravam nas listas. No Brasil, consolidou-se a tradição, nas últimas duas décadas, de o presidente da República nomear os primeiros colocados das listas tríplices, em valorização da autonomia universitária. Bolsonaro rompeu com essa tradição e fez nomeações reiteradas de nomes que não figuravam na primeira colocação. Em reunião com parlamentares em 2019, lamentou que muitos dos indicados nas listas tríplices seriam alinhados com a esquerda política.[32]

Na Turquia, o presidente Erdoğan se valeu tanto de mudanças na legislação como de nomeação que não respeitou a vontade da comunidade acadêmica para ampliar sua influência política nas instituições de ensino superior. Em 2016, em meio ao estado de emergência decretado em razão de uma malsucedida tentativa de golpe de Estado militar, Erdoğan editou um decreto que removeu a participação universitária do processo de escolha dos reitores, transferindo a competência para o Conselho Turco de Educação Superior (CTES). Mesmo após o término do estado de emergência, em 2018, o governo Erdoğan manteve a escolha dos reitores sob competência do CTES.

Já no início de 2021, no curso de seu segundo mandato como presidente, nomeou cinco novos reitores para universidades públicas turcas, entre eles, um aliado político membro de seu partido para o cargo de reitor da Boğaziçi University, uma das mais prestigiadas do país.[33] Desrespeitando práticas de escolha universitária já consolidadas, bem como procedimentos legais educacionais,[34] a nomeação resultou numa série de críticas por parte de professores e alunos, culminando em protestos estudantis pacíficos nos campi universitários. O governo reagiu aos protestos com envio de tropas de choque, violência policial, prisões arbitrárias e buscas e apreensões.[35]

Já na Hungria, o governo Orbán revogou a possibilidade de universidades húngaras emitirem diplomas aceitos internacionalmente, em especial atenção à regulação adotada nos EUA. A medida fez com que a Central European University (CEU) fosse obrigada a transferir suas atividades de Budapeste para Viena, uma vez que grande parte de seus cursos são de dupla titulação — diplomas válidos na Hungria e nos EUA. Essa medida foi vista como um ataque de Orbán direcionado a George Soros, um filantropo húngaro-estadunidense que investe na CEU e em organizações de fomento à pesquisa e ao ensino. Soros é adversário político de Orbán por defender pautas opostas às do primeiro-ministro, como o liberalismo político-social e o incentivo à imigração.[36]

Nos países analisados, os autocratas realizaram as seguintes interferências na autonomia administrativa:

Brasil

PRIMEIRO MANDATO

Bolsonaro edita Medida Provisória que esvazia participação de conselhos universitários no processo de escolha de reitores federais

Bolsonaro edita nova MP que permite ao MEC, durante a pandemia da covid-19, nomear reitores universitários temporários sem consultar comunidades acadêmicas

Bolsonaro nomeia ao menos dezoito reitores federais que não foram os primeiros colocados nas listas tríplices — em alguns casos, os candidatos nem sequer estavam nas listas

Hungria

SEGUNDO MANDATO

Governo Orbán revoga possibilidade de universidades húngaras emitirem diplomas aceitos internacionalmente, forçando-as a transferir suas atividades para outros países — a Central European University (CEU) teve que fechar o campus em Budapeste e transferir suas atividades para Viena

Turquia

PRIMEIRO MANDATO

Erdoğan edita decreto que remove, durante estado de emergência, participação universitária no processo de escolha dos reitores universitários, transferindo tal competência para o Conselho Turco de Educação Superior (CTES). Após o término do estado de emergência, o governo mantém a competência do CTES

SEGUNDO MANDATO

Erdoğan nomeia cinco novos reitores para universidades públicas turcas, entre eles, um aliado político para a reitoria da Boğaziçi University, desrespeitando práticas consolidadas de escolha universitária e procedimentos educacionais legais

Interferências na autonomia didático-científica

> Abster-se do uso da força ao responder à expressão estudantil e docente dentro e fora do campus, inclusive assegurando que as ações das forças de segurança sejam proporcionais e não interfiram em atividades pacíficas de expressão.
>
> *Scholars at Risk, em recomendação ao Estado indiano, Free to Think, Scholars at Risk, 2019*

A tática de interferência na autonomia didático-científica se dirige à liberdade de atores educacionais para ensinar, pesquisar, produzir e divulgar o pensamento científico independente de constrangimentos.

EDUCAÇÃO   **63**

Também prejudica a capacidade de universidades organizarem seus próprios cursos e projetos pedagógicos, bem como eventos e linhas de pesquisa.[37]

Diante disso, governos com tendência autoritária podem tentar interferir, de maneira ilegítima, na produção e divulgação dos conteúdos científicos elaborados pelas universidades e seus atores, especialmente quando estes criticam ações governamentais e defendem ideologias opostas às dos regimes no poder. Nesse sentido, episódios recentes de controle e até mesmo de censura de eventos e participação em eventos científicos foram observados no Brasil e na Índia como estratégias semelhantes de ataque à autonomia didático-científica e à liberdade dos atores educacionais de pesquisar e divulgar o pensamento científico.

No Brasil, o MEC limitou a participação de servidores públicos ligados à pasta em eventos nacionais e internacionais a partir de uma mudança na legislação aplicada a todas as universidades federais, que estabeleceu limite de, no máximo, dois representantes por entidade para eventos no país e de um representante por entidade em eventos no exterior. A medida foi criticada por organizações científicas, que apontaram risco de ser inviabilizada a participação acadêmica em eventos científicos. Após reiterados protestos, a medida foi revogada pelo próprio MEC.

No que tange ao controle e à censura de eventos e conteúdos científicos por parte do governo, a Coordenação de Aperfeiçoamento de Pessoal de Nível Superior (Capes), órgão público de fomento à pesquisa no Brasil, não atendeu o pedido de verba de apoio para a realização de um congresso científico organizado pelas universidades federais de Goiás e Santa Catarina por considerar que o evento trataria de "militância política". No entanto, a Capes propunha-se a discutir temas do constitucionalismo brasileiro e da qualidade do regime democrático no país. Outros episódios de censura estatal a eventos científicos ocorreram na Universidade Federal Fluminense (UFF) e nos Institutos Federais do Paraná (IFPR) e do Ceará (IFCE), onde congressos e palestras foram cancelados sob a justificativa de conterem caráter "político-partidário".

Na Índia, o Ministério da Educação sob a gestão do primeiro-ministro Narendra Modi editou uma mudança regulatória que passou a exigir das universidades públicas uma permissão do governo para a realização de eventos e conferências internacionais que discutissem assuntos relacionados à "segurança nacional" indiana. A nova medida passou a exigir permissão expressa do Ministério de Relações Internacionais para que tais eventos aconteçam, incluindo autorização sobre a lista de participantes convidados. A regulação ainda exige que um "nível apropriado" de avaliação seja realizado para identificar "a natureza e a sensibilidade" dos dados, do conteúdo das apresentações e das informações a serem compartilhadas pela comunidade científica indiana.[38]

Na Índia e no Brasil, os autocratas realizaram as seguintes ações de combate à autonomia didático-científica:

Brasil

PRIMEIRO MANDATO

MEC altera regulação e limita participação de servidores públicos ligados
à pasta em eventos nacionais (dois por universidade)
e internacionais (um por universidade)

Capes nega pedido de verba de apoio a congresso científico sob
justificativa de que ele promoveria "militância política",
apesar de o evento debater temas relacionados à democracia
e ao constitucionalismo

Universidades federais cancelam eventos que contariam com
participação de presidenciável sob argumento de que teriam
abordagem "político–partidária"

Índia

SEGUNDO MANDATO

Ministério da Educação altera regulação e passa a exigir das
universidades públicas permissão governamental para realização de
eventos internacionais que discutam assuntos correlatos à "segurança
nacional" indiana. A medida estipula que o "nível apropriado" de
avaliação seja feito para identificar "a natureza e a sensibilidade" dos
conteúdos a serem compartilhados pela comunidade científica indiana

EDUCAÇÃO

Interferências na autonomia financeira e de gestão patrimonial

> Evitar o uso de ferramentas de coerção, tais como cortes de financiamento, processos ou negação de benefícios fiscais, a fim de pressionar as instituições acadêmicas a realizar ou evitar certos tipos de pesquisa.
>
> *David Kaye, relator especial da ONU para a promoção e a proteção do direito à liberdade de opinião e expressão, em recomendação aos Estados, 2020*

As interferências na autonomia financeira e de gestão patrimonial das universidades ferem sua capacidade de gerir os recursos repassados pelo Estado. São esses recursos que possibilitam o pagamento das folhas salariais, a assistência estudantil, os reparos na infraestrutura física e a aquisição de materiais, entre outros pontos centrais ao funcionamento universitário.[39]

Desse modo, formas autoritárias de ataque à autonomia financeira incluem cortes orçamentários arbitrários ou com motivação político-ideológica, de maneira que não fiquem claras as justificativas e o caráter técnico dos contingenciamentos, especialmente quando as universidades públicas são percebidas como oposição ao governo.[40] Outra forma de ataque diz respeito a mudanças na regulação universitária, a tal ponto que o governo passa a centralizar em suas próprias mãos a gestão financeira universitária, minando, assim, a auto-organização das instituições de ensino. Exemplos desses ataques foram observados no Brasil e na Hungria.

No Brasil, em 2019, o então ministro da Educação Abraham Weintraub ameaçou fazer cortes orçamentários em três universidades federais — de Brasília, da Bahia e Fluminense —, pois, segundo ele, estariam realizando "balbúrdia". O ministro afirmou que "as universidades devem estar com sobra de dinheiro para fazer bagunça e evento ridículo", em referência a eventos, festas e manifestações políticas em oposição ao governo Bolsonaro ocorridas nos campi universitários. Weintraub ainda insinuou, como possível justificativa para os cortes, que as três universidades teriam baixo nível de desempenho acadêmico, apesar de as instituições figurarem entre as principais responsáveis pela produção científica do país. Após as ameaças direcionadas, o MEC resolveu cortar em 30% o orçamento de todas as universidades e institutos federais, sob a justificativa de baixo empenho orçamentário e uso de critério "operacional, técnico e isonômico" entre todas as instituições.

Na Hungria, outra estratégia foi adotada para atacar a autonomia financeira e de gestão patrimonial, a partir de mudanças na regulação da gestão universitária. Em 2021, o Parlamento húngaro, de maioria apoiadora ao governo Orbán, aprovou uma lei que transferiu a gestão das universidades públicas para uma série de fundações públicas, com amplo poderio de investimento financeiro. Os dirigentes dessas fundações, segundo a lei, devem ser indicados por membros do governo. Críticos da mudança regulatória entendem se tratar de mais uma tentativa de controle político-ideológico e revolução cultural operada por Orbán, tendo em vista os objetivos, por ele já declarados, de recuperar valores nacionalistas, conservadores e cristãos na sociedade húngara.[41]

A autonomia financeira e de gestão patrimonial das universidades sofreu os seguintes ataques no Brasil e na Hungria:

Brasil

PRIMEIRO MANDATO

Ministro da Educação ameaça cortar o orçamento de três universidades federais sob argumento de que estariam fazendo "balbúrdia" — eventos e manifestações políticas. Após repercussão negativa da fala, o MEC corta em 30% o orçamento de todas as universidades federais, sob justificativa de baixo empenho orçamentário e critério "isonômico" entre todas as instituições

Hungria

TERCEIRO MANDATO

Parlamento húngaro, de maioria apoiadora ao governo Orbán, aprova lei que transfere a gestão das universidades públicas para fundações públicas cujos dirigentes são indicados por membros do governo. A mudança gera temor na comunidade científica, em razão do maior controle e do possível alinhamento político-ideológico entre governo e instituições de ensino

ATAQUES ÀS LIBERDADES INDIVIDUAIS DOS ACADÊMICOS

Outra estratégia de ataque ao ensino superior tem como foco liberdades individuais dos acadêmicos. Docentes, discentes, pesquisadores e a comunidade científica em geral se tornam alvos dos governos autoritários, que atentam contra a liberdade de pesquisar e divulgar o pensamento científico. Esse tipo de estratégia tem ocorrido principalmente por meio de duas táticas:

Censura à liberdade de expressão dos acadêmicos, a partir de meios coercitivos como a abertura de processos disciplinares e denúncias criminais;

Deslegitimação da comunidade científica, tanto por meio de ameaças como de discursos que desvalorizam os atores educacionais, em especial os que fazem parte da oposição política aos regimes no poder.

Censura à liberdade de expressão

> Reconhecer que trabalho acadêmico não envolve apenas expressão, mas também, muitas vezes, a liberdade de opinião, que não pode estar sujeita a nenhuma interferência.
>
> *David Kaye, relator especial da ONU para a promoção e a proteção do direito à liberdade de opinião e expressão, em recomendação aos Estados, 2020*

No Brasil, professores da Universidade Federal de Pelotas (UFPel) foram alvo de processos disciplinares instaurados pela Controladoria-Geral da União (órgão do governo federal responsável pela defesa do patrimônio público) em razão de críticas ao presidente Bolsonaro. Em episódio semelhante, um professor da Universidade de São Paulo (USP) foi alvo de representações civil e criminal devido a suas opiniões críticas à atuação do procurador-geral da República e de ministro do Supremo Tribunal Federal, publicadas em coluna de jornal.

Na Índia, a polícia abriu uma investigação criminal contra um professor de ciência política da Faculdade de Direito v. m. Salgaocar em razão de comentários nas redes sociais sobre práticas religiosas conservadoras no país. Além dele, uma série de outros acadêmicos foram investigados por acusações de violar a legislação antiterrorista e de defesa da segurança nacional (uapa — *Unlawful Activities Prevention Act*), em função de seus discursos críticos ao governo e às instituições políticas.[42]

Na Polônia, um professor de direito das Universidades de Varsóvia e Sydney foi alvo de ações judiciais e procedimentos legais inquisitórios por críticas ao governo Duda e a seu partido nacional-conservador, o Lei e Justiça (PiS), publicadas nas redes sociais. A comunidade acadêmica polonesa e europeia saiu em defesa do professor, por meio da publicação de manifestos e cartas públicas rechaçando a perseguição estatal.

Na Turquia, um professor de direito constitucional da Universidade de Hacettepe e um editor de jornal foram alvo de ações judiciais em razão de artigo publicado no qual criticaram a atuação dos ministros da Suprema Corte do país. Alguns dos ministros criticados apresentaram ações contra ambos, alegando a prática de crimes contra a honra. O professor e o editor foram condenados pelos tribunais turcos a pagarem indenizações aos ministros, e recorreram das condenações à Corte Europeia de Direitos Humanos (cedh). A cedh reverteu as condenações ao considerar que as decisões turcas violaram a Convenção Europeia de Direitos Humanos, em especial o direito à liberdade de expressão e seu papel na democracia.[43]

O esquema a seguir resume alguns dos principais eventos observados nos países em análise, no que tange à censura à liberdade de expressão dos acadêmicos.

Brasil

PRIMEIRO MANDATO

Professores da Universidade Federal de Pelotas são alvo de processos disciplinares instaurados pela Controladoria-Geral da União em razão de críticas ao presidente Bolsonaro.
Professor da Universidade de São Paulo é alvo de representações civil e criminal em razão de críticas à atuação do Procurador-Geral da República e de ministro do Supremo Tribunal Federal

Polônia

SEGUNDO MANDATO

Professor de direito das Universidades de Varsóvia e Sydney é alvo de ações judiciais e procedimentos legais inquisitórios em razão de críticas publicadas nas redes sociais ao governo Duda e seu partido (PiS)

Índia

SEGUNDO MANDATO

Polícia abre investigação criminal contra professor de ciência política da Faculdade de Direito V.M. Salgaocar em razão de comentários nas redes sociais sobre práticas religiosas conservadoras no país
Acadêmicos são investigados por, supostamente, violarem legislação antiterrorista e de defesa da segurança nacional, em razão de discursos críticos ao governo e às instituições políticas

Turquia

PRIMEIRO MANDATO

Professor de direito constitucional da Universidade de Hacettepe e editor de jornal são alvos de ações judiciais em razão de artigo publicado em que criticaram a atuação dos ministros da Suprema Corte do país

Deslegitimação da comunidade científica

A deslegitimação da comunidade científica tem ocorrido também por meio de ameaças e de discursos que desvalorizam os atores educacionais, em especial os que fazem parte da oposição política aos regimes no poder.

No Brasil, Bolsonaro prometeu, ainda no início de seu mandato, modificar a lei que confere ao pedagogo Paulo Freire o título de patrono da educação brasileira, a quem chamou de "energúmeno" e "ídolo da esquerda". Freire é referência internacional, e sua obra defende ideias progressistas no campo educacional. As ofensas de Bolsonaro, em tom de deslegitimação de sua obra, partem da compreensão do então presidente, que enxerga o pedagogo como possível "inimigo" de seu governo (ponto já explorado em "Combate à 'doutrinação' da esquerda/comunista").

Em caso análogo, na Polônia, sob a gestão do presidente Andrzej Duda, o professor de história da Universidade Princeton Jan T. Gross foi ameaçado de ser destituído de condecoração concedida pelo Estado polonês, ainda em 1996. A ameaça é relacionada por especialistas a uma tentativa de "reescrever a História",[44] em razão do incômodo do governo com o conteúdo da obra do professor, que esclarece o papel e a atitude da Polônia em apoio ao Holocausto.

Já na Turquia, o presidente Erdoğan atacou professores da Universidade de Boğaziçi, tidos como membros da oposição política, ao chamá-los de contrários aos "valores nacionais turcos", o que gerou preocupação acerca da liberdade acadêmica no país.

Conforme demonstra o esquema a seguir, o ensino superior nos países observados e comparados tem sido alvo de investidas autoritárias nas universidades, por meio de ataques às suas autonomias — administrativa, didático-científica e financeira. Tais ataques também têm afetado acadêmicos e a comunidade científica em geral, por meio de violações à liberdade de ensinar e divulgar o pensamento, de censura à liberdade de expressão de acadêmicos e de deslegitimação da comunidade científica.

EDUCAÇÃO

Brasil

PRIMEIRO MANDATO

Bolsonaro ameaça modificar lei que conferiu título de Patrono da
Educação ao pedagogo Paulo Freire, visto como símbolo da oposição
política ao governo. Em outros episódios, o presidente chama Freire
de "energúmeno" e "ídolo da esquerda"

Polônia

PRIMEIRO MANDATO

Professor polaco–estadunidense da Universidade Princeton é
ameaçado pelo governo Duda de perder condecoração conferida
pelo Estado polonês em 1996, em razão de sua obra, que esclarece
o papel da Polônia no holocausto nazista

Turquia

PRIMEIRO MANDATO

Erdoğan ataca professores da Universidade Boğaziçi, vistos
como opositores políticos, acusando–os de serem contra
valores nacionais turcos

2 Espaço cívico

O espaço cívico apresenta afinidades com o conceito de sociedade civil, mas vai além dela: "também corresponde às interações positivas entre a sociedade civil e os governos, que, em democracias representativas, tendem a contribuir para tomadas de decisões mais responsáveis e transparentes".[1]

Segundo monitoramento internacional[2] que avalia as dimensões da liberdade de expressão, reunião e associação, a situação do espaço cívico em países como Hungria, Polônia e Índia piorou nos últimos anos — mudaram de posição em uma escala de aberto, reduzido, obstruído, reprimido e fechado. Na Hungria, a avaliação do espaço cívico piorou consideravelmente no curso do segundo mandato do primeiro-ministro Viktor Orbán, com tendência de declínio acelerado desde junho de 2022. Na Polônia, o espaço cívico decaiu no curso do segundo mandato do presidente Andrzej Duda. Alguns meses após a reeleição do primeiro-ministro Narendra Modi, a situação na Índia passou de "obstrução" para "repressão". No Brasil também há razões para preocupação: o monitoramento do Instituto Igarapé (2020) aponta que havia em 2022 no Brasil "sinais claros de um retrocesso acelerado da proteção e direitos dos grupos da sociedade civil".[3]

Monitoramentos como esses avaliam a qualidade do espaço cívico e alertam para as mudanças que têm ocorrido em países com governos autoritários. Isso não quer dizer que o espaço cívico deixa de existir ou que necessariamente é diminuído nesses casos. Em geral, há uma "reconfiguração do espaço cívico",[4] uma alteração nas dinâmicas complexas entre Estado e sociedade civil, com ações simultâneas a favor de determinadas agendas e contra outras, de incentivo a alguns movimentos e de repressão a outros.

Duas estratégias podem ser identificadas nas tentativas de reconfiguração do espaço cívico: de um lado, dirigismo e controle regulatório; de outro, vigilância e ataques a liberdades civis.

DIRIGISMO E CONTROLE REGULATÓRIO

Por ser constituído pelas interações entre governos e sociedade civil, o espaço cívico depende de combinações de incentivos, proteção e não interferência estatal. Por conta dessa capacidade de controle e manipulação, autocratas têm mobilizado as ferramentas formais do Estado para editar leis que restrinjam a atuação de organizações e criem entraves para seu funcionamento, além de retirarem espaços de participação política nas interações com o Estado. Essas investidas acabam por esvaziar a capacidade de mobilização de setores da sociedade civil.

Por outro lado, essa mesma posição privilegiada de controle por vezes é usada para expandir a atuação de outras organizações alinhadas a pautas de governo. Como resultado, o que se evidencia, muitas vezes, é o aumento de acessibilidade à esfera de decisões políticas por atores que antes não tinham tanto espaço de atuação.

Mesmo que haja formas institucionalizadas de interlocução, há diversas outras que ficam mais ocultas da discussão pública, como o lobby e outras formas de pressão de grupos de interesse. Tendo isso em vista, é de se esperar que o volume de acontecimentos nessa esfera seja sub-reportado. Ainda assim, identifica-se esse tipo de estratégia mobilizada por meio de duas táticas:

Apoio estatal e favorecimento de agendas, a partir de financiamento direto de organizações com pautas antiplurais ou alinhadas ideologicamente à agenda de governo, ou por meios indiretos de suporte;

Entraves financeiros e rearranjos burocráticos, seja por condições para registro e recebimento de recursos que dificultam e expõem organizações da sociedade civil, seja pelo próprio fechamento de espaços de participação política.

Apoio estatal e favorecimento de agendas

Desde que assumiu a presidência do Brasil, Jair Bolsonaro não escondeu seu desapreço pela sociedade civil organizada em defesa de direitos. Foram várias as ameaças direcionadas contra ONGs por meio de alterações administrativas e discursos de vilanização. Por outro lado, não foram todas as ONGS que se viram ameaçadas ou mesmo prejudicadas durante o governo Bolsonaro. Com o programa Pátria Voluntária, liderado pela primeira-dama, ao menos 4,3 milhões de reais teriam sido repassados sem qualquer licitação a ONGS aliadas da ex-ministra Damares Alves. Outras ONGs de "prateleira" — isto é, ONGs inativas, usadas por aliados do governo para cumprir exigências legais — tiveram repasse de verbas de 6,2 milhões de reais autorizado pelo governo para atuar em cursos esportivos.

No seu mandato, também algumas entidades religiosas cristãs ganharam mais protagonismo na gestão de comunidades terapêuticas (CTs), entidades privadas destinadas a tratar pessoas usuárias de substâncias psicoativas. Em 2019, ao menos 70% das verbas públicas a elas destinadas foram conferidas a entidades religiosas, algumas denunciadas por violações de direitos humanos. Esses grupos tendem a impor tratamento coercitivo em vez de uma abordagem individualizante, recebendo acusações de proselitismo religioso. Levantamento de 2022 aponta que CTs foram as principais "operadoras das políticas públicas do Brasil para tratamento de pessoas que sofrem com o uso problemático de drogas", embora tal modelo seja questionável em termos de saúde pública e eficácia.

Na Polônia, tem sido crucial ao desenvolvimento atual do espaço cívico a conservadora Ordo Iuris (Ordo Iuris Institute for Legal Culture), que foi fundada como uma pequena organização da extrema direita em 2013, com raízes católicas, e se tornou um ator altamente relevante e atuante na política polonesa. Em novembro de 2015, o então presidente da organização foi indicado como subsecretário no Ministério das Relações Exteriores — lócus estratégico para a disseminação de uma agenda conservadora em âmbito internacional —, cargo que ocupou até setembro do ano seguinte. O Ministério das Relações Exteriores foi responsável por construir uma rede de programas culturais e diplomáticos pelo país incluindo apenas grupos conservadores.[5]

Além disso, os ministérios da Justiça e da Cultura frequentemente dão apoio a eventos e projetos organizados por membros da Confederação Polonesa de ONGs, organização que reúne ONGs conservadoras. Em fevereiro de 2019, o ex-presidente da Ordo Iuris também se tornou ministro da corte constitucional polonesa, que vem sofrendo um processo de aparelhamento, segundo pesquisadores.[6] Em 2021, após a reeleição de Duda na Polônia, a Ordo Iuris chegou a fundar uma universidade no país. O evento de inauguração da instituição foi ilustrativo da "simbiose" entre a organização e o PiS (Partido da Lei e da Justiça, que governa o país desde 2015).[7]

Atores conservadores poloneses, por outro lado, interligam-se a outros de partes diversas do mundo, incluindo a Hungria e até os EUA, para atuar particularmente na agenda contra os direitos das mulheres e das pessoas LGBTQIA+. O Congresso Mundial de Famílias é um evento-chave. Fundado em 1997 por um ativista antiaborto norte-americano e dois acadêmicos russos, o congresso já teve sede recente em Budapeste (2017). O governo húngaro financiou sua 11ª edição, cujo slogan foi "Fazendo famílias fortes de novo". Na ocasião, Orbán discursou denunciando que a Europa estaria perdendo na competição entre "grandes civilizações", em alusão possivelmente às questões migratórias e identitárias.

Ainda no primeiro mandato de Duda, uma lei polonesa criou o National Freedom Institute (NFI), que tem o status de uma agência do Poder Executivo e é colocado, portanto, sob "estrito controle político".[8] O órgão é responsável por centralizar a distribuição de recursos às ONGs — dada a anteriormente reportada dificuldade de controle de alocação desse dinheiro. Em 2019, nenhum dos contemplados pelos financiamentos distribuídos apoiava a destinação de recursos para as causas das mulheres e pessoas LGBTQIA+. O NFI não apenas financiou ONGs leais ao governo,[9] mas também organizações que violaram direitos LGBTQIA+, como a Podlasie Institute of the Sovereign Republic, que realizou ataques à Marcha do Orgulho LGBTQIA+ no país em julho de 2019 na maior cidade do nordeste da Polônia.

No Brasil, na Hungria e na Polônia foram observadas as seguintes iniciativas governamentais de apoio estatal e favorecimento de agendas:

Brasil

PRIMEIRO MANDATO

2020 Pátria Voluntária concede fundos sem licitação a ONGs aliadas da ex-ministra do Ministério da Mulher, da Família e dos Direitos Humanos

2022 Governo autoriza cessão de fundos a ONGs "de fachada" de aliados

Hungria

PRIMEIRO MANDATO

2013 Coalizão conservadora (Association of Hungarian Women) é designada para representar ONGs de mulheres no Instituto Europeu para a Igualdade de Gênero

SEGUNDO MANDATO

2017 Budapeste sedia o 11º Congresso Mundial de Famílias, evento--chave contra os direitos das mulheres e das pessoas LGBTQIA+

TERCEIRO MANDATO

2022 Referendo sobre lei antipropaganda LGBTQIA+

Polônia

PRIMEIRO MANDATO

2015 Indicação de Aleksander Stępkowski, presidente da organização conservadora Ordo Iuris, para o Ministério das Relações Exteriores

2019 Stępkowski vira ministro da Corte Constitucional

SEGUNDO MANDATO

2021 Ordo Iuris funda universidade

Entraves financeiros e rearranjos burocráticos

> É um segredo aberto que [parte das organizações] [...] realmente trabalha para cumprir as instruções das grandes empresas, do grande capital ou dos poderosos deste mundo.
>
> *Ministro da Justiça polonês, em entrevista*
> *à Polskie Radio, 2020*

No Brasil, não há lei específica que restrinja o financiamento de ONGs,[10] mas diversas tentativas nesse sentido foram feitas, bem como foram adotadas medidas para monitorar suas atividades.

Já no primeiro dia de seu governo, o presidente Bolsonaro editou uma medida provisória que previu supervisão e monitoramento das atividades de organismos internacionais e ONGs. A MP previa que a Secretaria de Governo, vinculada à presidência da República, iria "supervisionar, coordenar, monitorar e acompanhar as atividades e as ações dos organismos internacionais e das organizações não governamentais no território nacional". Embora o controle de ONGs tenha sido retirado da votação da MP no Congresso, o governo tentou em outras ocasiões monitorar organizações da sociedade civil em geral — seja com a previsão no plano de metas da Amazônia, com falas em alusão ao controle total de ONGs, seja com a participação da Agência Brasileira de Inteligência (Abin) no Sínodo da Amazônia e na Convenção do Clima.

Uma MP de 2019 eliminou o desconto automático da contribuição sindical da folha de pagamento dos trabalhadores, diminuindo as receitas de organizações sindicais, mas não foi convertida em lei pelo Congresso.[11] No mesmo sentido, a MP 895/2019 criou um sistema governamental de emissão de carteiras estudantis, paralelo àquele coordenado pela União Nacional dos Estudantes (UNE). Com isso, seria esperada a diminuição de receitas da organização. Ao falar sobre a MP, o presidente também criticou a UNE e outras organizações estudantis. No entanto, ela não foi convertida em lei pelo Congresso.

Em outros países, o financiamento a ONGs é uma importante estratégia para restringir indiretamente o direito de associação e reunião, que, muitas vezes, é combinada com a estratégia de restringir o acesso à arena política. Tal estratégia relaciona-se com a possibilidade de angariar recursos domésticos ou internacionais, uma vez que as ONGS dependem do Estado e de financiadores privados nacionais ou estrangeiros para a consecução de seus objetivos ao longo do tempo. O financiamento estatal pode tanto ser positivo à vitalidade da vida civil como resultar em cooptação.[12] Além disso, pode ser institucional e contínuo, baseado em projetos específicos, ou ocorrer pela via de licitações e outros chamamentos públicos para a contratação de serviços ou produtos.

Há diferenças entre os meios de financiamento predominantes em cada um dos países analisados. O financiamento internacional a ONGS na Hungria foi o que mais sofreu restrições com as investidas constantes do governo húngaro.[13] Já na Polônia, o financiamento doméstico às organizações foi o que mais sofreu restrições, ao menos quanto àquelas voltadas aos direitos das mulheres.[14] Segundo Conny Roggeband e Andrea Krizsán, na Hungria, essas organizações não recebem quase nenhum financiamento estatal e dependem de suporte internacional, que tem sido severamente restrito; na Polônia, por outro lado, o financiamento doméstico pelo Estado é o mais restrito, embora permaneça em nível local — em lugares governados pela oposição.

Na Hungria, no primeiro mandato de Orbán, uma nova legislação de 2011 sobre liberdade de associação restringiu o número de ONGS com o status de "utilidade pública" e mudou o mecanismo de seu financiamento, que passou a ser centralizado pela nova instituição National Cooperation Fund (NCF), que distribuiria verbas a partir de licitações.[15]

Já no segundo mandato de Orbán, em junho de 2017, foi aprovada a Lex NGO (Lei LXXVI de 2017 sobre transparência de organizações), também apelidada de "Lei Soros" — constantemente equiparada à lei russa de 2012 que classifica ONGS como "agentes estrangeiros". Segundo o que consta de seu preâmbulo, ONGS poderiam ser utilizadas para influenciar a política no país contra os interesses do povo húngaro e colocariam em perigo a "operação livre" das instituições legais.[16] De acordo com suas previsões, organizações que recebessem determinado valor de fontes internacionais deveriam publicizar seus financiadores e se registrar como "apoiadas por fontes estrangeiras".[17] Além disso, doadores estrangeiros deveriam ser listados publicamente, e infrações às regras propostas poderiam levar ao congelamento de bens e à proibição do exercício de atividades.

Essa regulação antecedeu a saída do país em 2018 de várias outras organizações que recebiam recursos estrangeiros, bem como a aprovação do Pacote Anti-Soros. Uma das leis desse pacote implementou um imposto especial para entidades que apoiassem a imigração. Diversas penalidades foram estabelecidas (como confinamento e prisão) para aquelas que apoiassem a imigração ilegal — porém, o que exatamente pode significar tal "apoio" não foi determinado com precisão.

Em 2019, organizações de direitos das mulheres e pessoas LGBTQIA+ financiadas pelo Norwegian Civil Fund foram submetidas a inspeções vexatórias, uma vez que o fundo se recusou a repassar seu financiamento a atores governamentais para que eles distribuíssem o dinheiro às organizações em questão.

Apenas em junho de 2020, já no curso do terceiro mandato consecutivo de Orbán, a Corte de Justiça Europeia julgou que a lei introduzia restrições discriminatórias e injustificadas, e violava leis europeias e direitos europeus sobre liberdade de associação, privacidade, proteção de dados e liberdade de movimento. E em maio do ano seguinte, o Parlamento húngaro a revogou.

Ainda em maio de 2021, o Parlamento húngaro aprovou uma lei para que o Departamento de Auditoria do Estado elaborasse relatórios anuais sobre o status financeiro de ONGs que tivessem orçamento anual superior a 55 mil euros e "influenciassem o público".[18] Tal órgão estatal, no entanto, pode seletivamente escolher sobre quais ONGs fará relatórios anuais, e mesmo aquelas que não recebem financiamento do Estado húngaro podem ser selecionadas para essa auditoria. Além disso, a lei não estipula a que documentos o Estado pode ter acesso, nem se serão permitidas incursões a documentos de membros específicos dessas organizações.

Na Polônia, pouco antes da reeleição de Duda em julho de 2020, o ministro do Meio Ambiente também disse que o governo estaria estudando uma forma de fazer as ONGs polonesas declararem quais são seus financiadores estrangeiros, o que é uma cópia do "modelo húngaro" de 2017, como afirma a diretora de uma fundação pró-democracia no país.[19] Em agosto veio a resposta: os ministros da Justiça e do Meio Ambiente propõem uma lei nesse sentido.[20] Nesse mesmo mês, contudo, outra proposta de lei do governo polonês — coordenada pelo ministro da Cultura — estabeleceu que ONGS com renda anual acima de 220 mil euros (dados de maio de 2021) devem publicar informações detalhadas sobre suas fontes de financiamento, custos e tipos de atividades conduzidas. ONGS com orçamentos menores também devem prover informações, mas de modo menos detalhado.

O governo polonês chegou a congelar os fundos de algumas organizações, em razão de seu caráter crítico ao governo.[21] Além disso, como reportado pela National Federation of Non-governmental Organizations (OFOP) — uma organização que reúne mais de 140 ONGS da Polônia —, o governo vem alterando a forma de aplicação das leis para restringir o acesso a financiamentos domésticos. Mudou a forma de organização de licitações, e, entre 2015 e 2018, segundo relatório da OFOP:

> Reduziu radicalmente o intervalo para submissão de propostas nas licitações;
> Anulou licitações por falharem na escolha de participantes aliados;
> Contratou ONGS com pouca ou nenhuma experiência para realizar as atividades propostas nas licitações.[22]

Outra distorção na aplicação de leis vem sendo usada para restringir financiamentos a ONGS historicamente vinculadas à luta por direitos das mulheres vítimas de violência na Polônia. Segundo justificativa oficial do governo para a interrupção dos financiamentos, essas organizações apenas prestariam serviço às mulheres, e o governo deveria se comprometer com instituições que prestassem assistência a "todos" que sofrem com crimes.[23]

Essa ideia de apagamento das diferenças e essa concepção de igualdade como um olhar para "todos", independentemente das discriminações sofridas historicamente por minorias, aparece também na retórica recente de autoridades brasileiras. Em diversos episódios, o presidente da República, os ministros de Estado e outras figuras do alto escalão se colocaram a favor de uma suposta "unidade" do povo brasileiro, entendida nos termos de uma homogeneização. Na reunião ministerial de abril de 2020, por exemplo, o então ministro da Educação Abraham Weintraub disse que odeia os termos "povos indígenas" e "povos ciganos".

Com relação ao quadro indiano, o Foreign Contribution Act (FCRA) foi utilizado como instrumento-chave para a restrição da liberdade de associação. Assim como outras normas que vêm sendo instrumentalizadas para silenciar a oposição e o dissenso — como a UAPA (antiterrorismo) —, o FCRA não foi instituído pelo governo Modi, embora tenha sido algumas vezes modificado durante o primeiro (2016, 2018) e o segundo mandatos (2020). É uma legislação de 1976, que sofreu extensas modificações em 2010 e que cria requisitos para o registro e gasto de fundos recebidos por ONGS via doações internacionais.[24]

Durante a pandemia, a lei barrou tentativas de apoio humanitário por parte de ONGS, hospitais e instituições de caridade, como o recebimento de oxigênio, equipamentos médicos, doações em dinheiro e outros suprimentos. Em especial, as modificações à lei, feitas em 2020 (durante o segundo mandato de Modi), foram cruciais para os entraves vividos. Entre elas, é possível apontar:[25]

Proibição de transferências de recursos internacionais recebidos (*"subgranting"*) entre ONGS domésticas;

Redução do teto de gastos de 50% para 20% com despesas administrativas por financiamento estrangeiro;

Obrigatoriedade de abertura de conta bancária ("conta FCRA") no State Bank of India para receber os recursos;

Possibilidade de restrição de uso de dinheiro internacional subutilizado pelo governo indiano caso se tenha indícios de que a organização da sociedade civil fere previsões do FCRA;

Aumento do tempo de suspensão do registro para um ano (antes eram seis meses), em razão de violação do "interesse público" ou do FCRA;

Condicionamento da renovação de registro a diversos questionamentos, como não engajamento em tentativa de conversão religiosa, não condenação por uso indevido de financiamentos e não condenação por "criar tensão comunal".

Para justificar as emendas, o governo — representado pelo ministro da Casa Civil — usou o argumento de que elas barrariam o "mau uso do dinheiro" e não seriam discriminatórias. Além disso, frisou o fato de que o FCRA seria uma "lei de segurança nacional e internacional", o que contribui para a ideia de que as discussões sobre o funcionamento de ONGs vêm sendo colonizadas pela pauta securitária.

Com base no FCRA, o governo impediu que várias organizações recebessem financiamento internacional.[26] Só em janeiro de 2017,[27] apontou-se na casa de milhares a perda de licença de ONGs. Em janeiro de 2022, a Oxfam Índia denunciou que o governo se recusa a renovar seu registro. O número de registros pelo FCRA apresentou queda na última década no país: foram registradas cerca de 40 mil ONGS em 2011 e 16 mil em 2022.[28]

Nos países analisados observaram-se os seguintes expedientes de entraves financeiros e burocráticos:

Brasil

PRIMEIRO MANDATO
2019 MP 870/2019 prevê controle e monitoramento de ONGs
MP 873/2019 (não convertida em lei) elimina o desconto automático da contribuição sindical da folha de pagamento dos trabalhadores[29]
MP 895/2019 (não convertida em lei) cria sistema paralelo de emissão de carteira estudantil

Hungria

PRIMEIRO MANDATO
2011 Nova legislação sobre liberdade de associação restringe o número de ONGs com o status de "utilidade pública" e muda mecanismo de financiamento, que passa a ser centralizado em nova instituição (NCF), que distribui verbas a partir de licitações

ESPAÇO CÍVICO

SEGUNDO MANDATO

2017 Aprovada a Lex NGO, sobre transparência de organizações, constantemente equiparada à lei russa de 2012 que classifica ONGs como "agentes estrangeiros"

2018 Aprovação do Pacote Anti-Soros (StopSoros Law); uma das leis implementa imposto especial para organizações apoiadoras da imigração — como a Open Society, gerida pelo filantropo e membro da oposição política, George Soros

A Open Society abandona o país

TERCEIRO MANDATO

2019 Organizações de direitos de mulheres e pessoas LGBTQIA+ financiadas pelo Norwegian Civil Fund são submetidas a inspeções vexatórias

2021 Parlamento húngaro aprova lei para que o Departamento de Auditoria do Estado elabore relatórios anuais sobre o status financeiro de ONGs que "influenciam o público"

2022 National Election Commission (NEC) multa ONGs por incentivarem votos de protesto em referendo do governo

Polônia

PRIMEIRO MANDATO

2015-2018 Mudança na organização de licitações para ONGs

2016 Ministério da Justiça descontinua financiamento a ONGs que apoiam mulheres vítimas de violência doméstica após protestos

2017 Lei cria o National Freedom Institute, para distribuir fundos às ONGs

SEGUNDO MANDATO

2020 Ministério da Cultura propõe lei para dar mais transparência a fontes de financiamento de ONGs

2020 Ministérios da Justiça e do Meio Ambiente propõem lei parecida com a Lex NGO da Hungria (2017)

Índia

PRIMEIRO MANDATO

2015 ONGs perdem registro pelo Foreign Contribution Act (FCRA):
Lawyers Collective, Navsarjan Trust etc.

2016, 2018 Emendas ao FCRA, constantemente utilizado como
instrumento–chave para a restrição da liberdade de associação

SEGUNDO MANDATO

2020 Novas emendas ao FCRA, entre elas: proibição de transferências
entre ONGs domésticas de recursos internacionais recebidos,
redução do teto de gastos com despesas administrativas por
financiamento estrangeiro de 50% para 20%
Anistia Internacional deixa a Índia após diversas operações do governo

2021 Commonwealth Human Rights Initiative (CHRI) perde registro
pelo FCRA

2022 Oxfam perde registro pelo FCRA

VIGILÂNCIA E ATAQUES A LIBERDADES CIVIS

Monitorar organizações da sociedade civil e restringir a capacidade de
reunião e associação está no radar de líderes autoritários em nome
de diversos imperativos abstratos, que vão desde a segurança nacional e o combate ao terrorismo até a transparência.[30] Essas investidas
ajudam a enraizar um clima de medo, insegurança e autocensura. Se
os cidadãos e as organizações não são livres para expor suas pautas
e têm suas críticas restringidas, não é possível disseminar suas rei-
vindicações como fatos políticos de largo alcance, ficando enclau-
surados em esferas privadas ou grupos de interesse mais localizados.

Essa estratégia, por sua vez, pode envolver diversas táticas: retórica de vilanização e conspiração; uso de softwares de espionagem;
restrição de direitos à manifestação e à reunião; criminalização e
violência extralegal.

Retórica de vilanização e conspiração

> Essa vitória vai ser lembrada por nós pelo resto da vida, porque tantas pessoas conspiraram contra nós, [...] todos os fundos e organizações do império dominante, a mídia internacional [...].
>
> *Viktor Orbán, no discurso da vitória de sua quarta eleição consecutiva, 2022*

Além da força administrativa, todos os países analisados se valeram também de retórica que vilanizou as ONGS, enquadrando-as em teorias conspiratórias e denunciando seu suposto caráter "antinacional" ou contrário aos interesses públicos, à ordem e à segurança.

No Brasil, a mesma MP que previu a supervisão e o monitoramento das atividades de organismos internacionais e ONGS afirmou que elas "exploram" e "manipulam" povos tradicionais. Chamadas de "xiitas ambientais", "câncer" e criminosas, as ONGS foram acusadas de comandar crimes ambientais no Brasil e no exterior. Embora o controle das ONGS tenha sido retirado da votação da MP no Congresso, o governo Bolsonaro tentou em outras ocasiões monitorar organizações da sociedade civil em geral — com previsão no plano de metas da Amazônia, com falas em alusão ao controle total de ONGS, com a participação da Abin no Sínodo da Amazônia e na Convenção do Clima.

Na Hungria, um exemplo de procedimentos semelhantes se deu no discurso recente de Orbán, depois de sua quarta vitória consecutiva. O primeiro-ministro da Hungria vê a reeleição como vitória contra "os fundos e todos os fundos e organizações do império dominante".[31]

Também nas eleições húngaras de 2022, um periódico aliado ao governo publicou gravações secretas tiradas de contexto para desacreditar membros da sociedade civil.[32] Segundo o periódico, organizações ligadas ao filantropo húngaro-americano George Soros estariam "manipulando" a cobertura da imprensa internacional sobre a Hungria.[33]

Na eleição anterior, em abril de 2018, o primeiro-ministro já havia declarado guerra às ONGs e a outros grupos. Como apontou o monitoramento do CIVICUS, o líder húngaro prometeu "mudanças morais, políticas e legais" contra partidos da oposição, ONGs e a mídia independente.[34] Também declarou que os eleitores haviam escolhido como os temas mais importantes das eleições a imigração e a segurança nacional, de modo que "decidiram que querem ser os únicos a decidir quem pode viver na Hungria".[35]

Na mesma época, a empresa de inteligência privada israelense Black Cube se envolveu em um escândalo para difamar ONGs. Agentes usaram identidades falsas, gravaram, em segredo, reuniões com ONGs e indivíduos conectados a Soros e liberaram os áudios para que Orbán os usasse de maneira deturpada.[36] A mesma ideia de uma conspiração das organizações e um conluio com a mídia internacional contra o governo Orbán foi empregada.

Às vésperas da terceira vitória consecutiva de Orbán, outro periódico aliado ao governo publicou um artigo ("The Speculator's People") listando duzentas pessoas que alegadamente trabalhariam para "organizações de Soros", notadamente relacionadas às pautas LGBTQIA+ e pró-igualdade. O episódio ficou conhecido como a divulgação da "lista de Soros".[37]

Esse episódio encontra paralelos no Brasil, onde as próprias autoridades de governo realizaram listas de monitoramento de pessoas físicas críticas do governo — mas, nesses casos, essas listas tinham o propósito de ser secretamente usadas. Em meados de 2020, uma ação sigilosa do Ministério da Justiça monitorou 579 servidores antifascistas e repassou as informações a outros órgãos do governo, e um deputado paulista criou um dossiê com nomes de figuras antifascistas. Em dezembro do mesmo ano, uma apuração jornalística revelou que o governo monitorou jornalistas "detratores", "neutros" e "favoráveis" ao governo.

Empregar termos discriminatórios também faz parte do repertório retórico de vilanização. Na Índia, por exemplo, faz-se uso dos termos "antinacional", "*urban naxal*", que passou a ser utilizado em 2018 para caracterizar manifestantes de esquerda *antiestablishment* e, hoje, caracteriza críticos do governo de BJP e de Modi, e "*aandolanjivus*"— que significa manifestantes profissionais, para vilanizar críticos do governo Modi.[38]

Os governos autocráticos do do Brasil, da Hungria e da Índia lançaram mão das seguintes tentativas de vilanização:

Brasil

PRIMEIRO MANDATO

2020 Ministério da Justiça faz dossiê secreto sobre 579 servidores
Deputado estadual de São Paulo Douglas Garcia requer o envio de
dados a seu e-mail de pessoas consideradas antifascistas, juntando
numa lista cerca de novecentos cidadãos
São frequentes falas de autoridades, em especial do presidente
da República, desabonando ONGs e manifestantes críticos

Hungria

SEGUNDO MANDATO

2018 Polícia controla identidade de manifestantes e usa
reconhecimento facial
2022 É anunciada proibição da greve de professores

Índia

PRIMEIRO MANDATO

2018 São usados termos pejorativos ("antinacional", *"urban naxal"*,
"aandolanjivis") para descreditar manifestantes

SEGUNDO MANDATO

2022 Central Bureau of Investigation acusa Centre for Promotion
of Social Concerns (CPSC) de conspiração sob o FCRA

Monitoramento de opositores

Nos três países, softwares de espionagem e distorção de narrativas também foram empregados para monitorar críticos, modificar suas falas e vazar para a imprensa supostas informações de seu caráter "traidor" em relação à nação. O escândalo Pegasus ilustra esse fato: o *malware* da empresa israelense NSO foi usado para infectar os aparelhos móveis de críticos dos governos polonês, húngaro e indiano, e para extrair mensagens, fotos e e-mails, além de gravar ligações e ativar o microfone secretamente.

Em dezembro de 2021, uma investigação revelou que três figuras públicas da oposição polonesa foram investigadas com o Pegasus.[39] No caso húngaro, o uso remonta a meados de 2021 e os alvos somam trezentos nomes.[40] Em nível global, indícios de julho de 2021 apontam a espionagem de cerca de 50 mil números de telefone pelo Pegasus, concentrados em dez países — entre eles, Hungria e Índia. No caso indiano, softwares de reconhecimento facial também foram utilizados pela polícia em protestos nos estados de Delhi e Uttar Pradesh para monitorar, identificar e prender manifestantes. Contudo, o país ainda não tem legislação específica sobre dados pessoais, o que levanta suspeitas de abusos.

Os softwares de espionagem foram empregados da seguinte maneira nos países analisados:

Brasil

PRIMEIRO MANDATO

2021 O vereador carioca Carlos Bolsonaro negocia participação da empresa criadora do Pegasus em uma licitação do Ministério da Justiça, mas nega tais acusações

O órgão realiza uma licitação para a contratação de um software de espionagem, da qual o sistema Pegasus participa, embora se retire do processo. A contratação é suspensa em novembro de 2021 pelo Tribunal de Contas da União

Hungria

TERCEIRO MANDATO

2021 Ao menos trezentos alvos foram espionados via Pegasus

Polônia

SEGUNDO MANDATO

2021 Ao menos três opositores foram investigados via Pegasus

Índia

SEGUNDO MANDATO

2021 Assim como a Hungria, a Índia é um dos dez países que mais espionaram via Pegasus no mundo

Restrições de direitos a manifestação e reunião

> O exercício da liberdade de expressão e da liberdade de reunião não deve resultar em violação da vida privada e familiar, nem da casa dos outros.
>
> *Constituição húngara, art. VI (I)*

Com a eleição de Jair Bolsonaro à presidência do Brasil, o emprego da Lei de Segurança Nacional (LSN), de 1983, foi expandido — nomeadamente para atingir críticos do governo. Segundo a agência de dados Fiquem Sabendo, o número de inquéritos policiais instaurados com base na LSN em 2019 superou a casa das duas dezenas, o que era inédito desde 2000. Foram 26 inquéritos policiais instaurados. No ano seguinte, 51 novos inquéritos foram abertos. Nesse mesmo ano, o deputado Daniel Silveira (PSL-RJ) propôs emenda à Lei Antiterrorismo, de modo a ampliar seu escopo para manifestações antifascistas. Em 2021, por sua vez, a LSN foi revogada. Nesse meio-tempo, muitas foram as críticas em relação à sua aplicação indiscriminada.

Em julho de 2018, uma proposta legislativa de alteração do direito de reunião foi aprovada na Hungria, aumentando o poder da polícia sobre a proibição de manifestações, com base em razões vagas, como a proteção da ordem pública e segurança, a proteção de direitos e liberdades de outros e a proteção de líderes políticos internacionais.[41] Essa última restrição foi usada em outubro do mesmo ano para banir uma manifestação da oposição contra o presidente turco Recep Tayyip Erdoğan, que visitava o país. Porém, na mesma ocasião, a polícia permitiu uma manifestação celebrando o líder turco.

Em junho de 2018, foi aprovada uma emenda à Constituição húngara, com o Pacote Anti-Soros, para restringir o direito de reunião e a liberdade de expressão.[42] Apenas a Hungria alterou no quadro constitucional as previsões relativas a esse direito desde o mandato de Orbán e passou a prever uma restrição não usual a esses direitos, que não podem "resultar em violação da vida privada e familiar, nem da casa dos outros" (Art. VI (1)).

Com essa mesma emenda constitucional, foi aprovada a criação de uma nova jurisdição administrativa especial para julgar protestos e assembleias banidas. As críticas a essa medida foram várias, incluindo, por exemplo, o medo de aparelhamento por amigos do governo húngaro e a restrição a liberdades civis.[43]

Com relação ao cenário polonês, as investidas para mudar a Constituição não existem por ora. No entanto, em dezembro de 2016, ainda no curso do primeiro mandato de Duda, foram aprovadas emendas à Lei de Reuniões, declaradas constitucionais pela corte constitucional polonesa em março do ano seguinte. A lei introduz um conceito e prioridade às assembleias "cíclicas" (que têm requisitos relacionados à periodicidade) sobre as não cíclicas, que passam a não poder ocorrer quando acontecerem as primeiras, e limita espacialmente o direito de contraprotesto.[44]

Ambas as mudanças se relacionam ao fato de que o país abraçou um mito fundador desde o desastre de avião que matou diversas autoridades polonesas em Smolensk (Rússia) em abril de 2010, incluindo o presidente do país. Desde então, comemora-se mensalmente o renascimento da nação nos *"Smolensk mensiversaries"* — que se tornaram eventos de mobilização em prol do governo polonês.

No caso da limitação espacial ao direito de contraprotesto, tal previsão impediu contramanifestações aos *"mensiversaries"*.

Quanto à Índia, a maioria das ações que colocam o acesso ao espaço cívico em risco foram administrativas — e extralegais. Porém, houve uma emenda à lei para a prevenção de atividades ilegais (UAPA) em agosto de 2019, que ampliou o conceito de "terrorismo",[45] além de um decreto de junho desse mesmo ano que recomendou a proibição de "atividades antinacionais" no estado de Uttar Pradesh.[46] Como se verá adiante, a UAPA, em especial, serviu à restrição do direito de reunião de cidadãos, culminando em detenção e até morte.

Os direitos a manifestações e reuniões sofreram os seguintes ataques nos países analisados:

Brasil

PRIMEIRO MANDATO

2020 O deputado Daniel Silveira (PSL–RJ) propõe emendas à Lei Antiterrorismo

2021 Aprovação de lei que pune crimes contra o Estado Democrático de Direito, em substituição à Lei de Segurança Nacional — cuja interpretação fora alargada no período anterior

Hungria

SEGUNDO MANDATO

2018 Aprovação do Pacote Anti–Soros. Realização de emenda à lei sobre direito de reunião

É imposta proibição de manifestação contra Erdoğan, que estava visitando o país

É realizada emenda à Constituição para restringir direito de reunião

TERCEIRO MANDATO

MAR.–JUN.2020, OUT.2020–MAIO.2021 É declarada a proibição de manifestações durante a pandemia

Polônia

PRIMEIRO MANDATO

2016 São realizadas emendas à lei sobre direito de reunião

Índia

SEGUNDO MANDATO

2019 Emenda à UAPA para alargar conceito de terrorismo
Decreto sugere proibição de "atividades antinacionais"
   em Uttar Pradesh

Criminalização e violência extralegal

No Brasil da presidência de Bolsonaro, foram frequentes os acenos presidenciais às forças policiais e militares, com "pacotes de vantagens" e elogios ao uso ostensivo da força. Desde 2019 e até o fim do seu mandato, por exemplo, o então presidente tentou ampliar as situações cabíveis de um "excludente de ilicitude" para contemplar forças de segurança e militares em operações de garantia da lei e da ordem (GLOS).

À parte essas tentativas, o então presidente, bem como outras autoridades estaduais, chancelaram a violência policial histórica no país. Bolsonaro já fez alusão a "bandidos" morrerem como "baratas" e elogiou policiais que matam em serviço. Durante seu governo, ocorreram chacinas como a de Paraisópolis e Jacarezinho, somando-se a um número já considerável delas na história recente do país, sendo elogiadas por autoridades. Esse ponto é desenvolvido adiante (ver "Discursos e propagandas de construção de um inimigo interno", p. 112).

Na Índia, recentemente, ocorreram diversas mortes de ativistas políticos e críticos ao governo. Dezenas de manifestantes e figuras públicas específicas morreram nas mãos do Estado. Destaca-se, por exemplo, a morte de uma criança de oito anos em dezembro de 2019 em Varanasi, após a polícia usar armas de fogo para dispersar manifestantes pacíficos.[47] Também é possível citar a morte de um padre de 84 anos em julho de 2021, após prisão prolongada com outros quinze ativistas e acadêmicos desde outubro de 2020, expostos a condições degradantes e à infecção por covid-19 em presídio.

Fora as mortes brutais, são notáveis os casos de prisões arbitrárias ou baseadas em leis draconianas na Índia, que também se deram — embora com voltagem muito menor — nos países europeus analisados.

Um exemplo na Polônia é a condenação de uma ativista da organização Abortion Dream Team a três anos de prisão em abril de 2022, por auxiliar uma mulher a praticar o aborto[48] — primeiro caso após a "proibição virtual" do aborto no país desde 2021, pelo PiS.[49] Desde que o presidente Duda conquistou seu segundo mandato, em julho de 2020, a Polônia também enfrentou um julgamento no tribunal constitucional proibindo o aborto em mais um caso específico (má-formação embrionária).

Já na Índia, há diversas ocorrências de prisão de ativistas, acadêmicos e outras figuras públicas. Ainda em 2016, um ativista foi detido em nome da Public Safety Act (PSA) por 76 dias. Em agosto de 2018, cinco ativistas foram presos sob a UAPA e, dentre eles, uma pessoa ficou presa até dezembro de 2021 sob a alegação de participação em grupos maoístas.[50] No curso do segundo mandato de Modi, em maio de 2020, duas ativistas de direitos das mulheres — fundadoras de um coletivo que procura diminuir restrições a estudantes mulheres — foram detidas por mais de trezentos dias. Em dezembro do mesmo ano, o padre acima mencionado foi preso com outros quinze defensores de direitos humanos após ser acusado de se envolver em um caso de violência ocorrido no centro-oeste indiano em janeiro de 2018.

Além do UAPA e do PSA, outros instrumentos legais foram usados para restringir o direito de reunião e associação, como o Terrorist and Disruptive Activities Prevention Act (TADA), o Prevention of Terrorism Act (POTA) e o Armed Forces Special Powers Act (AFSPA). Todas essas legislações são anteriores à entrada de Modi no poder — a última data de 1958 — e são caracterizadas por uma interpretação alargada e distorcida por autoridades administrativas em nome da restrição do espaço cívico. Em janeiro de 2020, a UAPA também foi usada contra 3 mil manifestantes em Jharkhand em oposição à aprovação da lei que limita a cidadania indiana a quase 2 milhões de pessoas no norte do país (Citizenship Amendment Act — CAA).

Não só grupos inteiros de manifestantes, como também críticos muito bem selecionados — como ativistas de direitos humanos e acadêmicos —, foram alvo dessas leis securitárias, como acima exposto. Na Hungria, os registros de repressão policial a protestos também são numerosos. Em 15 de março de 2018, no curso do segundo mandato consecutivo de Orbán, a polícia se utilizou de ferramentas para controlar a identidade de estudantes que se manifestavam. Em outra oportunidade, também foi reportado o uso de reconhecimento facial.[51] Em fevereiro de 2019, a organização da sociedade civil Hungarian Civil Liberties Union (HCLU) denunciou que a polícia impediu regularmente reuniões públicas por suposta violação a regras de trânsito.

Segundo a diretora do projeto de liberdades políticas da HCLU, Dalma Dojcsák, as autoridades públicas na Hungria estariam tentando desencorajar protestos por meio de multas a manifestantes e de alegada violação a regras de trânsito (como pisar fora da calçada), além de proibição de manifestações usando como pretexto a violação desproporcional ao trânsito.[52] Com a pandemia, foi decretada a total proibição de manifestações entre março e junho de 2020 e novembro de 2020 e maio de 2021, e a polícia reprimiu duramente diversos protestos.[53] Caso participassem de manifestações durante esse período, cidadãos poderiam ser multados.[54] Em fevereiro de 2022, adicionalmente, o governo baixou um decreto proibindo na prática as greves de professores.[55]

Além dessas atuações administrativas pautadas pelo abuso do poder coercitivo físico, com a consequente aniquilação da integridade física ou da liberdade das pessoas, houve a mobilização de ferramentas administrativas menos gravosas. Na Polônia, por exemplo, depois de alterações na lei sobre direito de reunião do país, ainda em 2016, a organização da sociedade civil Free Citizens of Poland Foundation — que se tornou símbolo contra as mudanças antidemocráticas — engajou-se em atos de desobediência civil, o que levou o Ministério do Interior polonês a suspender a direção da fundação e nomear um administrador compulsório em substituição. Segundo justificativa, a fundação havia atuado de forma ilegal, mas tal medida foi posteriormente barrada por uma corte de Varsóvia.

Os seguintes expedientes de criminalização e violência extralegal foram observados nos países analisados:

Brasil

PRIMEIRO MANDATO
Há alta frequência de chacinas e de violência policial contra manifestantes[56]

Hungria

SEGUNDO MANDATO
2018 É criada nova jurisdição para julgar o banimento de protestos
Polícia controla identidade de manifestantes e usa reconhecimento facial

TERCEIRO MANDATO
2022 É anunciada a proibição da greve de professores

Polônia

PRIMEIRO MANDATO
2016 Ministro do Interior nomeia diretor compulsório para ONG polonesa (organização da sociedade civil Free Citizens of Poland Foundation)
2017 Polícia requer documentação de ONGs referente a projetos de 2012 a 2015

SEGUNDO MANDATO
2022 É efetuada prisão de ativista pró-aborto

Índia

PRIMEIRO MANDATO
2016 Detenção de manifestante por 76 dias sob a PSA
2018 São detidos cinco manifestantes sob a UAPA

SEGUNDO MANDATO
2019 É morto manifestante de oito anos em Varanasi
2020 Prisão de dois ativistas pró-mulheres por mais de trezentos dias
UAPA é usada contra 3 mil manifestantes em Jharkhand
2021 É registrada prisão e morte de padre de 84 anos crítico do governo

3 Segurança pública

O uso arbitrário da violência por meio de ações comandadas pelas forças policiais e forças armadas foi uma das principais características dos autoritarismos do século xx. As operações buscavam tanto neutralizar a oposição, perseguindo, torturando e matando críticos ao regime, quanto construir uma imagem simbólica de força e indestrutibilidade perante todos os cidadãos.

Como apontado na Parte I, estudos mostram que os autocratas do século XXI não necessariamente utilizam demonstrações públicas de violência e força. Uma análise que os comparou aos autocratas do século xx identificou uma tendência de queda no número de assassinatos por agentes públicos e de prisões por razões políticas.[1] A investigação indica, ainda, que as autocracias contemporâneas lançam mão de estratégias mais sutis, como obstacularizar os opositores de acessarem políticas públicas de moradia e educação ou dificultar a obtenção de documentos, o que torna a motivação política dessas ações menos evidente.[2] As formas de perseguição atuais também provocam a saída de muitos de seus países.

Contudo, tais leituras parecem não dar conta da complexidade da situação atual. Sabemos que, ao menos no Brasil, o uso ou a mobilização da violência é central no projeto bolsonarista.

Chama a atenção também que em muitos desses países, assim como no Brasil, está em curso um processo de desmonte de diversas políticas de assistência social, proteção de direitos e redução das desigualdades. Parece ser o caso das Filipinas,[3] da Índia,[4] e da Hungria e da Polônia.[5] O desmonte de uma parcela dos serviços do Estado se harmoniza com a ampliação do investimento em tecnologias de segurança e em efetivo policial e no alargamento das competências da polícia, que passa a supervisionar cada vez mais pessoas e situações.

Esse duplo movimento de diminuição da faceta de assistência social do Estado e de ampliação daquela do controle penal foi apontado como explicação para o aumento, nas últimas décadas, do encarceramento, principalmente em países do norte global.[6] Torna-se oportuno investigar não apenas se e como o enxugamento das políticas de bem-estar social do Estado são "compensadas" por políticas securitárias, mas como isso acarreta e produz uma gradual deterioração da própria democracia.[7]

Identificou-se, primeiro, uma tendência de implementação de mecanismos de vigilância que comprimem os direitos de privacidade dos cidadãos. A estratégia se desdobra em quatro táticas principais: o uso de softwares de espionagem, o aumento das restrições ao uso da internet, a ampliação da coleta de dados e a unificação do acesso a eles, e a ampliação da criminalização e das competências de investigação da polícia.

Em segundo lugar, notou-se uma estratégia baseada no populismo penal e na incitação do pânico moral. As táticas empregadas nesse contexto são: a mobilização de discursos e propagandas de construção de um inimigo interno, o aumento do policiamento e da militarização, em especial o direcionado a tal grupo, as restrições à cidadania das pessoas pertencentes ao grupo-alvo, a multiplicação das formas de criminalização de tais grupos e o endurecimento das penas de condutas já criminalizadas.

VIGILÂNCIA E VIOLAÇÕES À PRIVACIDADE

> A vigilância em massa pode submeter uma população ou um componente significativo dela a um monitoramento indiscriminado, envolvendo uma interferência sistemática no direito das pessoas à privacidade [...], incluindo a liberdade de se expressar e de protestar.
>
> *Mass Surveillance, Privacy International*

A vigilância e o monitoramento por parte do governo podem ser realizados tanto no ambiente on-line quanto fora dele. Podem ser feitos de forma massiva — direcionada para grandes grupos de pessoas ou para toda a população — e também de maneira mais localizada e customizada — mirando indivíduos ou grupos específicos. Podem, ainda, ocorrer de forma ilegal ou ter alguma legitimidade jurídica (como a realização de uma investigação policial), que muitas vezes não garante o respeito ao direito de privacidade.

O uso de mecanismos de vigilância baseados em inteligência artificial tem se espalhado por países de todo o mundo e, apesar de ser utilizados por democracias liberais, os governos de países autocráticos têm maior tendência a implementar essas tecnologias, com o objetivo de ampliar a vigilância em massa e aumentar a repressão.[8]

A Privacy International mapeou diversos métodos de vigilância empregados pelas instituições policiais: interceptação de comunicações ou acesso aos bancos de dados de empresas de comunicação, uso de tecnologias de reconhecimento facial, vigilância de protestos (com drones ou rastreadores para celulares), entre outros. São ações que violam diversos tratados internacionais de garantia à privacidade como um direito humano, além de, muitas vezes, ensejar limitações à liberdade de expressão e de participação política de certos grupos sociais, por exemplo opositores políticos dos governos em exercício.[9]

Foram identificadas quatro principais táticas que, baseadas na vigilância e nas violações à privacidade, resultam em mais criminalização e mais prisões:

Uso de softwares de espionagem, muitas vezes revelado pela imprensa;
Aumento das restrições ao uso da internet, que se coadunam com determinações legais direcionadas às plataformas sociais;
Ampliação da coleta de dados pessoais dos cidadãos, como os dados biométricos, e a unificação do acesso a eles por diversas áreas do governo (inclusive policiais e de inteligência);
Ampliação da criminalização, muitas vezes por meio de dispositivos legais elásticos e pouco definidos, e o consequente aumento das competências de investigação da polícia.

Uso de softwares de espionagem

> Uma vez que um telefone é infectado, um operador do Pegasus pode secretamente extrair conversas, fotos, e-mails e dados de localização, ou ativar microfones e câmeras sem que o usuário saiba.
>
> *"What is the Pegasus Project Data?"*, The Guardian, *2021*

Conforme apontado anteriormente, softwares de espionagem têm sido utilizados como uma tática de sufocamento do espaço cívico (ver "Monitoramento de opositores", p. 88). Para além dos impactos na sociedade civil, a tática também subsidia investigações policiais e prisões. Conforma-se, ainda mais se o uso de tais instrumentos é reiterado, um tipo de política criminal que, sem nenhum controle judicial prévio, legitima o monitoramento de pessoas ou grupos específicos por parte dos agentes de segurança e inteligência. O uso desses softwares contribui para a construção de uma política de segurança pública que é, na prática, pouco ou nada transparente e que não respeita direitos básicos das pessoas investigadas.

Em 2021, uma investigação jornalística identificou que diversos governos ao redor do mundo utilizavam a tecnologia do software Pegasus pelo menos desde 2016. O programa, que uma vez instalado em um celular consegue coletar dados sobre o uso de quase todos os aplicativos do dispositivo, foi utilizado pelos governos indiano e húngaro, por exemplo, para espionar opositores políticos e jornalistas. No Brasil, investigação revelou que um dos filhos de Bolsonaro, Carlos, pressionou o Ministério da Justiça para compra do software durante licitação de 2021 que propositalmente não envolveu o Gabinete de Segurança Institucional (GSI) nem a Abin. Após as revelações, a compra não foi concretizada.

Na Hungria, no início do mandato de Orbán, em 2011, o país se envolveu em outro escândalo investigativo por utilizar o FinFisher, que permitia acesso a todos os registros digitais de computadores infectados.[10] Mais recentemente, segundo a imprensa, o governo de

Viktor Orbán utilizou o Pegasus inclusive para espionar um doutorando da Central European University (CEU).

As acusações de uso desse tipo de ferramenta de espionagem também são abundantes na Turquia, país em que, ao longo dos anos, as mudanças na legislação (detalhadas a seguir) foram acompanhadas pelo surgimento de evidências do uso de softwares ilegais de monitoramento, como o Phorm, o Package Sharper, o Remote Control Systems, o FinFisher e o Deep Packet Inspection, este utilizado para monitorar o tráfico on-line pelo menos desde 2014.[11]

O emprego dessas táticas nos países analisados encontra-se descrito a seguir.

Brasil

PRIMEIRO MANDATO
Acusação de tentativa de compra do software Pegasus

Hungria

PRIMEIRO MANDATO
Acusação de uso do software FinFisher

TERCEIRO MANDATO
Acusação de uso do software Pegasus

Índia

PRIMEIRO MANDATO
Acusação de uso do software Pegasus

Turquia

SEGUNDO MANDATO
Acusação de uso de diversos softwares (Phorm, Package Sharper, Remote Control Systems, FinFisher, Deep Packet Inspection)

Aumento das restrições ao uso da internet

> Estas regras são uma ilustração muito clara do desejo do governo de controlar o debate on-line. Elas ampliam formas de regulamentação sobre áreas que enriqueceriam qualquer tipo de democracia e incentivam a autocensura.
>
> *Apar Gupta, diretor executivo da India's Internet Freedom Foundation,* Time, *2021*

Assim como o uso de softwares de espionagem, as restrições à utilização da internet fazem parte da estratégia de segurança pública dos países, na medida em que permitem que os governos coletem dados para subsidiar ações policiais e restringem a liberdade de expressão em nome da proteção de uma soberania nacional — que também legitima o uso de mais violência, como veremos a seguir.

As restrições podem ser de diversos tipos. No Brasil, esse tipo de tática não parece ter sido tão recorrente durante o mandato de Bolsonaro quanto em outros locais. As medidas detalhadas a seguir encontram eco, por aqui, na publicação, em 2021, da MP que alterou o Marco Civil da Internet. Bolsonaro e seus apoiadores a nomearam de "MP da liberdade da expressão", uma vez que ela limitava a possibilidade de as plataformas removerem conteúdo publicado em redes sociais. A medida foi criticada por especialistas da área por ampliar demais a ingerência do Executivo na dinâmica das plataformas e interferir na sua autonomia de, por exemplo, excluir conteúdos ofensivos ou de disseminação de notícias falsas. A MP não foi transformada em lei pelo Congresso, mas, no fim do mesmo ano, Bolsonaro enviou ao Congresso um projeto de lei que reproduzia seu conteúdo.

Apesar de tais esforços, o recurso a essas táticas parece estar mais avançado em outros países. De acordo com o monitoramento da Humans Rights Watch, por exemplo, a Índia é um dos países em que mais ocorrem *shutdowns* da rede para prejudicar a mobilização política de opositores do governo. Modi, progressivamente, ampliou o controle e o acesso do Estado às comunicações on-line, incluindo as plataformas privadas. Em 2018, um de seus ministros assinou um decreto permitindo que dez órgãos governamentais tivessem o direito de "interceptar, monitorar e descriptografar qualquer informação gerada, transmitida, recebida e armazenada em qualquer dispositivo computacional" para fins de segurança e inteligência.

Além disso, em 2019, o governo indiano propôs uma lei de regulação da internet — em vigor desde 2021 — que exige, entre outras coisas, que as plataformas e redes sociais excluam qualquer conteúdo apontado pelo governo como ilegal, por colocar em risco os interesses da soberania do país, a ordem pública, a decência ou a moralidade.

A legislação também determina que as empresas devem enviar as informações pessoais de seus usuários sempre que requisitadas por autoridades públicas. Também segue em discussão no país a promulgação e implementação de uma lei geral de proteção de dados proposta pelo governo Modi que, mesmo com tal objetivo, estabelece exceções tão amplas à sua aplicação — por exemplo, riscos à soberania, à segurança nacional e à ordem pública — que acaba por aumentar o poder de vigilância do Estado.

Na Turquia, em 2007, ano em que Erdoğan ainda cumpria seu primeiro mandato como primeiro-ministro, foi publicada uma primeira versão da Lei da Internet, que obrigava os provedores de internet a monitorarem o conteúdo postado on-line. Desde 2014, o governo vem realizando alterações na lei que autorizam as autoridades públicas a acessarem os dados de usuários de empresas privadas (como redes sociais ou provedores de internet), bem como a exigirem a remoção de determinados conteúdos postados em plataformas on-line.[12]

Eis o resumo da aplicação dessas táticas nos diferentes países analisados.

Brasil

PRIMEIRO MANDATO
Edição de medida provisória que altera o Marco Civil da Internet e limita a possibilidade de as plataformas removerem conteúdos publicados em redes sociais

Índia

PRIMEIRO MANDATO
Assinatura de decreto que permite que dez órgãos governamentais possam "interceptar, monitorar e descriptografar" informações de qualquer dispositivo computacional

SEGUNDO MANDATO
Frequentes *shutdowns* da internet
Proposição e publicação da lei de regulação da internet

Turquia

PRIMEIRO MANDATO
Publicação da Lei da Internet, que permite o bloqueio de sites

TERCEIRO MANDATO
Emendas à Lei da Internet, que, entre outras normas, obrigam as plataformas a coletarem dados de seus usuários e compartilhá-los com as autoridades

Ampliação da coleta de dados dos cidadãos e unificação de acesso

> [Poderíamos] usar a lei europeia e do Tribunal Europeu de Direitos Humanos para desmantelar o estado de vigilância que o Fidesz criou para monitorar a oposição.
>
> *Kim Scheppele, professora de sociologia e assuntos internacionais da Universidade Princeton, blog Verfassungs, 2021*

A coleta massiva de dados pessoais dos cidadãos e o compartilhamento de seu acesso por diversas áreas do governo — desde aquelas responsáveis pela assistência social até as de segurança e inteligência — também subsidiam uma prática de segurança pública pouco ou nada atenta aos direitos que deveriam ser garantidos aos cidadãos.

Por causa de tais riscos, no Brasil, especialistas viram com preocupação a implementação do Cadastro Base do Cidadão por Bolsonaro, em 2019. O programa unificou os registros de certos dados pessoais e possibilitou o compartilhamento deles entre vários órgãos federais. Não houve, contudo, nenhum cuidado em implementar mecanismos de controle que limitem o tipo de uso dos dados coletados. Além disso, nem a forma de garantir a segurança de tais informações foi bem delimitada. Ainda na mesma tática, em 2021, a Polícia Federal brasileira adquiriu um sistema de identificação biométrica.

Bolsonaro não parece ter avançado tanto no projeto de implementação de tecnologias de vigilância e policiamento em massa, como foi marcante em países já reconhecidamente autocráticos.

Ao tratarmos desse tipo de tática, o caso da Índia sob o governo de Narendra Modi chama a atenção. Em 2018, o país utilizava ao menos tecnologias de reconhecimento facial e de policiamento inteligente, que permitem que a polícia tenha acesso a uma diversidade de dados pessoais sobre boa parte dos cidadãos e cidadãs.[13] Modi também implementou um programa unificado de identificação pública baseado na coleta de dados biométricos, o Aadhaar,

SEGURANÇA PÚBLICA

e desde 2019 — ano de sua reeleição —, tem buscado transformar o cadastro no programa em uma exigência obrigatória para toda a população. O governo também investiu na criação do programa Índia Digital. Todas essas mudanças foram feitas sob justificativa de dar mais agilidade, acessibilidade e eficiência aos serviços públicos.[14]

Contudo, sem um marco legal para controle do armazenamento e uso dos dados coletados, o governo passou a centralizar uma enorme quantidade de informações sobre seus cidadãos e, por meio delas, aumentou a perseguição contra opositores políticos e integrantes de movimentos sociais, como o Greenpeace e a Anistia Internacional.[15]

Assim como na Índia, não há na Hungria um efetivo controle dos poderes de vigilância do Estado. O país pode ser considerado como um "Estado de vigilância".[16] Entre as situações alarmantes, vale mencionar que o ex-ocupante do cargo de autoridade nacional de dados pessoais foi exonerado do cargo por questionar, em conformidade com as leis da União Europeia, a realização de consultas nacionais sobre diversas questões políticas (como as políticas econômicas do governo) não anonimizadas, ou seja, que permitiam a identificação (por meio do nome e do endereço) de cada um dos respondentes.[17]

Em 2016, Orbán ainda implementou um sistema de reconhecimento facial para ser utilizado pela polícia, que também tem acesso a outras bases de dados governamentais e pode cruzá-las com os dados biométricos coletados.

Na Polônia comandada por Andrzej Duda, foi publicada uma lei que ampliou os poderes de vigilância do Estado ao permitir que as forças de segurança acessem uma grande quantidade de metadados sobre a população sem mecanismos efetivos de regulação e controle do uso de tais informações.[18]

O resumo a seguir lista as ações adotadas por autocratas nos diferentes países analisados.

Brasil

PRIMEIRO MANDATO
Criação do Cadastro Base do Cidadão
Polícia Federal adquire sistema de identificação biométrica

Hungria

PRIMEIRO MANDATO
Exoneração do ocupante do cargo de Autoridade Nacional de
Dados Pessoais após questionamento sobre a realização
de consultas nacionais de forma não anonimizada

SEGUNDO MANDATO
Implementação de sistema de reconhecimento facial para uso
da polícia

Polônia

PRIMEIRO MANDATO
Promulgação da "lei de vigilância", que autoriza a polícia a acessar
metadados dos cidadãos

Índia

PRIMEIRO MANDATO
Implementação de tecnologias de reconhecimento facial
Implementação de tecnologias de identificação biométrica
(programa unificado Aadhaar)
Lançamento do programa Índia Digital

SEGUNDO MANDATO
Tentativa de tornar obrigatório o cadastro no programa
unificado Aadhaar

Ampliação da criminalização e das competências de investigação da polícia

> Longe de não terem uma autoridade para coordenação centralizada ou um propósito abrangente, os diversos sistemas de vigilância que compõem o mosaico de vigilância autoritária da Turquia são coordenados pelo Estado turco e servem ao principal propósito de controle.
>
> *Özgün E. Topak, professor associado da Universidade de York,* Security Dialogues, *2019*

Por fim, outra tática recorrente observada foi a ampliação do escopo de certas leis e das competências de investigação da polícia, em especial por meio da publicação de leis "antiterroristas" que, por serem muito amplas, foram utilizadas como instrumento para criminalizar opositores políticos e integrantes de movimentos sociais. São leis que se baseiam em uma suposta ameaça à nação e sua soberania, o que legitimaria o uso de duros instrumentos de perseguição e investigação. Contudo, há pouca ou nenhuma definição das ações que configurariam tal ameaça ou das características das atividades terroristas. São tipos penais elásticos, que, por não ter definição específica, permitem a criminalização das mais variadas condutas e pessoas.

A tática parecia estar no radar de Bolsonaro para um eventual segundo mandato: em março de 2022, ele encaminhou ao Congresso uma proposta de alteração da atual lei antiterrorismo para enquadrar, entre as ações terroristas, aquelas "violentas com fins políticos ou ideológicos", o que permitiria que movimentos sociais fossem atingidos pela legislação — como já ocorre em outros países (ver "Criminalização e violência extralegal", p. 92). Além dessa iniciativa, nos primeiros anos de seu mandato, Bolsonaro utilizou dispositivos da Lei de Segurança Nacional — também pouco definidos — para investigar críticos e opositores. Apesar de tal lei, atualmente revogada, não ter sido promulgada por ele, Bolsonaro utilizou-a mais do que os mandatários anteriores.[19]

Na Índia, já foram realizados, em 2019, acréscimos a uma espécie de legislação antiterrorista do país (UAPA), o que permitiu, pela amplitude dos novos termos legais, que o governo colocasse cada vez mais pessoas e organizações sob o rótulo de "terroristas". Isso aumentou seu poder de realizar investigações sem nenhum respeito aos direitos de privacidade de tais indivíduos.[20] Além disso, diversos participantes dos protestos contra a lei que restringiu o acesso à cidadania de pessoas muçulmanas (ver "Restrições à cidadania", p. 120) foram criminalmente processados com base em uma legislação antiga e pouco específica da era colonial.[21]

O governo húngaro, por sua vez, adotou diversas medidas que ampliaram seus poderes de vigilância.[22] Em 2016, o país foi condenado pela Corte Europeia de Direitos Humanos pela criação, em 2014, de uma força-tarefa antiterrorismo (*Anti-Terrorism Task Force* ou TEK), que tinha amplas prerrogativas de vigilância.[23]

A lei antiterrorismo promulgada no país previa que, nos casos de investigações de crimes contra a segurança nacional, a TEK poderia realizar buscas domiciliares secretas e acessar comunicações (digitais ou não) sem consentimento da pessoa investigada.[24] A corte considerou que a legislação, por sua amplitude e poucos mecanismos de controle, violava o direito à privacidade.[25] O esquema de vigilância húngaro também tem sido utilizado contra ONGS e outras organizações da sociedade civil, inclusive ensejando a criminalização de indivíduos envolvidos com tais instituições.[26]

Na Polônia, foi publicada, em 2016, uma legislação de combate às "atividades terroristas", que permite, entre outras coisas, o bloqueio quase que imediato de qualquer site relacionado a "eventos terroristas".[27] Contudo, a legislação é vaga e não define bem tais categorias, o que possibilita seu uso indiscriminado, incluindo o uso contra opositores políticos. Um dos grupos mais diretamente afetados pelas mudanças nas legislações foi o de migrantes, uma vez que as leis permitem que as forças de segurança acessem e coletem todos os dados registrados sobre tais indivíduos por qualquer autoridade ou serviço público.[28]

Por fim, no caso da Turquia, o governo de Recep Erdoğan atua por meio de um robusto aparato de vigilância e perseguição de opositores no país, identificado como um mosaico de vigilância autoritária (*Authoritarian Surveillant Assemblage*, ou ASA, em inglês).[29] O governo lança mão de diversas táticas de vigilância ao mesmo tempo: uma que mira os protestos, uma voltada para a internet e as redes sociais, uma que controla a produção da mídia e uma que funciona por meio de um sistema de informantes-colaboradores civis.[30] Nesse ponto, interessa detalhar brevemente as duas primeiras táticas citadas, que encontram paralelos diretos com a situação dos outros países já mencionados.

Os mecanismos turcos para vigilância nos protestos e a perseguição de críticos e opositores do governo, por exemplo, foram ampliados largamente por meio da lei antiterrorismo publicada em 2006, que também estabelece categorias pouco definidas e passou a ser utilizada contra jornalistas, acadêmicos, opositores políticos e membros de movimentos sociais.[31] Tais indivíduos tiveram seus dados coletados por meio de câmeras, monitoramento on-line e acesso a seus dispositivos eletrônicos pessoais — tudo legitimado por uma lei que buscava combater a "propaganda terrorista" e o "apoio a organizações terroristas".[32]

Já a competência da polícia para investigação foi expandida em 2014 por meio da lei que regulamentou os serviços de inteligência do país e da lei de segurança nacional aprovada em 2015, ambas formuladas a partir de conceitos elásticos e pouco definidos.[33]

O esquema a seguir aponta as táticas empregadas na ampliação da criminalização e das competências de investigação da polícia nos diferentes países analisados.

Brasil

PRIMEIRO MANDATO

Uso de dispositivos da Lei de Segurança Nacional contra opositores políticos

Encaminhada ao Congresso proposta de alteração da lei antiterrorismo

Hungria

PRIMEIRO MANDATO

Criação da Força-Tarefa Antiterrorismo (TEK), com amplas prerrogativas de investigação

Polônia

PRIMEIRO MANDATO

Promulgação da lei de combate a "atividades terroristas"

Índia

PRIMEIRO MANDATO

Uso de informações coletadas pelo programa Índia Digital para perseguir opositores políticos e integrantes de movimentos sociais

SEGUNDO MANDATO

Acréscimos à lei antiterrorista (UAPA)

Turquia

PRIMEIRO MANDATO

Publicação da lei antiterrorismo

QUARTO MANDATO Primeiro como presidente

Publicação da lei que regulamenta os serviços de inteligência do país e da lei de segurança nacional

Publicação de decretos que ampliam a vigilância no ambiente digital sob justificativa de investigações

POPULISMO PENAL E PÂNICO MORAL

Populismo penal é um conceito utilizado para denominar um tipo de prática política que, ao propor soluções ou caminhos sobre os temas de segurança pública e política criminal, afasta evidências empíricas e opiniões de especialistas. Ao mesmo tempo, apresenta propostas que supostamente representam os interesses do "povo" em relação a tais temas.[34] Trata-se de uma forma de ação política que busca mobilizar grandes audiências, muitas vezes para fins eleitorais ou como forma de legitimar a autoridade de determinados líderes políticos, e que tem sido responsável por insuflar ações policiais e punitivistas.[35]

Vale dizer que, assim como o uso de tecnologias de vigilância, esse não é um fenômeno exclusivo dos países presidos por líderes autoritários — ao contrário, trata-se de mecanismo comumente mobilizado por políticos de países democráticos, como os EUA (ao menos até a presidência de Trump).[36]

Contudo, esse tipo de retórica também circula nos países autocráticos contemporâneos, inclusive muitas vezes aliado a um insuflamento do pânico moral da população: o termo é utilizado para descrever os momentos em que determinados indivíduos ou grupos são estereotipados e definidos (pela mídia e por atores políticos, por exemplo) como um risco à sociedade e a seus valores.[37]

Nesse contexto, observamos outras quatro táticas de concretização dessa estratégia:

Discursos e propagandas de construção de inimigo interno, em geral direcionados a um grupo social específico (como muçulmanos, migrantes, mulheres e pessoas LGBTQIA+ ou pessoas acusadas de envolvimento com comércio de substâncias psicoativas);

Aumento do policiamento e da militarização, em especial no tratamento direcionado aos grupos sociais construídos como inimigos internos;

Restrições à cidadania de sujeitos integrantes desses grupos;

Multiplicação das formas de criminalização e endurecimento das penas para condutas relacionadas a esses mesmos grupos.

Discursos e propagandas de construção de um inimigo interno

> Os invasores [muçulmanos] são como cupins no solo de Bengala [...] um governo do BJP irá pegar os invasores um a um e jogá-los na baía de Bengala.
>
> *Amit Shah, ministro de Assuntos Domésticos da Índia, em discurso de campanha, 2019*

> Está desequilibrado, o bandido tem mais direito do que o cidadão de bem. [...] Nós temos que dar uma retaguarda jurídica para as pessoas que fazem a segurança: policial civil, militar, federal, rodoviário. [...] Os caras [criminosos] vão morrer na rua igual barata, pô. E tem que ser assim.
>
> *Jair Bolsonaro, em entrevista a Leda Nagle, 2019*

Entre as táticas mobilizadoras do populismo penal e do pânico moral, chama a atenção a recorrência com que os autocratas proferiram falas associando um determinado grupo social com uma ameaça interna ao país. Em regra, a tática foi utilizada largamente tanto como forma de impulsionar as candidaturas de tais líderes em suas primeiras eleições quanto nos períodos eleitorais subsequentes.

Assim como no caso das ONGs (ver "Retórica de vilanização e conspiração", p. 85), outros grupos foram alvo do mesmo tipo de "vilanização pública": os imigrantes na Hungria, as mulheres e as pessoas LGBTQIA+ na Polônia, os muçulmanos na Índia e qualquer pessoa envolvida no comércio ou consumo de substâncias ilícitas na Indonésia e nas Filipinas. Esse tipo de discurso legitima o amplo uso do aparato do sistema de justiça criminal — em especial as polícias e as prisões — como forma de controlar o grupo "perigoso". Além disso, fundamenta também medidas legais de restrição dos direitos das pessoas identificadas com tais grupos, como se verá a seguir.

Na Hungria, Orbán se elegeu com um forte discurso anti-imigração, em especial contra migrantes de origem muçulmana.[38] Em alguns de seus discursos, Orbán diz que tais grupos seriam um perigo para o "modo de vida húngaro" e que os imigrantes islâmicos ameaçariam os valores cristãos do país.[39] Nota-se a tentativa de pintar esse grupo como "invasores", que colocam em risco desde a identidade nacional do país até os indivíduos pessoalmente.[40] Esse tipo de construção muitas vezes legitima mudanças legais que restringem direitos e ampliam o uso de instrumentos da justiça criminal, como o policiamento ostensivo e o encarceramento.

Na Polônia, Duda e os integrantes de seu governo direcionam seus ataques às mulheres, pessoas LGBTQIA+ e qualquer coletivo ou movimento social que defenda os interesses de tais grupos (ver "Retórica de vilanização e conspiração", p. 85). A estratégia é antiga e foi um dos elementos centrais de sua campanha à presidência.[41] As políticas antigênero já foram consideradas como a "cola simbólica" do liberalismo polonês e húngaro, dada sua centralidade no projeto autoritário dos dois países.[42] No país, o discurso do pânico moral como um todo foi legitimado pelo combate à "ideologia de gênero", apresentado como urgente por colocar "as crianças em risco" e destruir "a própria fundação da civilização" polonesa.[43]

Na Índia, por sua vez, a perseguição tem se voltado contra os muçulmanos, legitimada pelo forte caráter religioso hinduísta do governo Modi. O alinhamento de Modi com um discurso fundamentalista religioso não é novo: mesmo antes de ser presidente, ele já emitia discursos públicos que incentivavam inclusive a violência contra muçulmanos — que compõem um grupo de cerca de 190 milhões de pessoas na Índia, mas têm baixíssima representação política.

Apesar de não ser nova, a estratégia de retratar os muçulmanos como *"outsiders"*, "infiltrados" ou "cupins" que "invadem" a nação se tornou progressivamente mais explícita e violenta ao longo dos anos e após a última reeleição de Modi, em 2019.

Também é interessante pensar na relação entre populismo penal, pânico moral e autoritarismo nos casos da Indonésia e das Filipinas. O presidente indonésio, Joko Widodo, e o presidente filipino, Rodrigo Duterte, têm promovido uma violenta guerra às drogas que revela que, mesmo quando não há um grupo social tão específico eleito como alvo do pânico moral propagado pelo governo (como imigrantes, mulheres e pessoas LGBTQIA+ ou muçulmanos), estratégias de populismo penal também podem ser centrais para o avanço da agenda autoritária do século XXI.

O combate ao tráfico e consumo de drogas por meio de punições mais severas e aumento da perseguição policial são pilares centrais do governo de Widodo e Duterte desde suas campanhas eleitorais, momento em que tais discursos foram relevantes para seu sucesso nas urnas.[44] Na Indonésia, Widodo já disse que a polícia especializada em narcóticos não deveria hesitar em atirar nos traficantes de drogas, que estariam "arruinando o país".[45]

A atitude parece similar ao que fez Bolsonaro no Brasil quando elogiou a chacina do Jacarezinho, que, em 2021, resultou em 28 mortes e teve como justificativa oficial o combate ao tráfico de drogas. Segundo ele, os mortos seriam "traficantes que roubam, matam e destroem famílias". O ex-presidente também já comparou "bandidos" a "baratas" e sempre defende o excludente de ilicitude para policiais.

Interessante lembrar, ainda, a centralidade que o discurso da guerra às drogas[46] tem para a política criminal brasileira desde pelo menos 2006. Bolsonaro seguiu incentivando a prisão de pessoas criminalizadas por tráfico de drogas e, inclusive, já afirmou que é "uma pena" que não haja pena de morte para tais casos no Brasil.

A retórica de construção de inimigos também pode ser identificada na maneira com que Bolsonaro, seus filhos e seus apoiadores se manifestam sobre o período da ditadura militar e sobre aqueles empenhados em resgatar e preservar tal memória. Em 2019, o então presidente disse que os trabalhos da Comissão Nacional da Verdade seriam "balela". Ele também desacreditou abertamente os relatos feitos pela ex-presidenta Dilma Rousseff sobre as torturas que sofreu naquele período.

Esse tipo de fala se insere em uma tentativa mais ampla de caricaturizar seus opositores políticos, em especial os do campo da esquerda, como inimigos internos — retórica adotada por ele já durante o período eleitoral e mantida durante todo seu mandato. Em setembro de 2018, Bolsonaro disse em evento de campanha que iria "fuzilar a petralhada".

As investidas seguiram ao longo de todo seu mandato: em 2020, por exemplo, Bolsonaro publicou postagem em rede social comemorando a morte de Che Guevara e dizendo que este "só inspira marginais, drogados e a escória de esquerda".

Por fim, a cruzada de vários setores do governo brasileiro contra a "ideologia de gênero" teve diversas repercussões no campo da educação (ver "Deslegitimação de questões de gênero", p. 48), mas também foi um dos pilares de atuação do Ministério da Mulher, da Família e dos Direitos Humanos — nomeado dessa forma por Bolsonaro e chefiado por Damares Alves, que em sua cerimônia de posse já afirmava que "menino veste azul, e menina veste rosa". As investidas contra pessoas LGBTQIA+ e contra as defensoras dos direitos reprodutivos das mulheres, em especial do aborto, foram frequentes e encontram paralelos com o processo que ocorreu na Polônia. Em 2019, por exemplo, Alves chegou a denunciar ao Ministério Público uma reportagem sobre aborto seguro produzida pela revista feminista *AzMina*, alegando que a matéria fazia "apologia ao crime".

Além disso, apesar de não ter estabelecido uma perseguição específica contra migrantes ou organizações que trabalhem com o tema, Bolsonaro disse que ONGs que atuam na Amazônia em defesa da pauta ambiental são um "câncer" (ver "Retórica de vilanização e conspiração", p. 85) — em 2019, alguns brigadistas e ativistas de uma ONG da região foram presos e acusados de iniciarem incêndios na floresta.

Vale dizer que, no Brasil, a adoção dessa retórica ganhou contornos ainda mais preocupantes quando combinada com o esforço de desregulamentação do acesso à armas de fogo empreendido por Bolsonaro. Suas tentativas de ampliar a circulação de armas e munições, principalmente para civis, foram bem-sucedidas: entre 2018 e 2022, o número de licenças de armas de fogo cresceu 473%. As medidas são frequentemente justificadas por um discurso de necessidade de proteção do direito de "legítima defesa", que coloca como perigosos todos os grupos que Bolsonaro insiste em construir como inimigos.

Eis o resumo desses métodos nos diferentes países analisados.

Brasil

PRIMEIRO MANDATO

Período eleitoral marcado por discursos violentos contra opositores políticos do campo da esquerda

Exaltação das forças policiais em oposição aos "vagabundos", "bandidos" ou "baratas"

Frequente descrédito do trabalho da Comissão Nacional da Verdade

Investidas contra pessoas LGBTQIA+ e contra defensoras dos direitos reprodutivos das mulheres

Discursos que colocam ONGs de defesa do meio ambiente como "câncer"

Hungria

PRIMEIRO MANDATO

Período eleitoral marcado por discursos anti-imigração, em especial contra migrantes de origem muçulmana

SEGUNDO MANDATO

Aumento das propagandas e dos discursos anti-imigração, colocando migrantes como "invasores" ou um "perigo para o modo de vida húngaro"

Polônia

PRIMEIRO MANDATO

Período eleitoral marcado por discursos antidireitos das mulheres e das pessoas LGBTQIA+

Discursos contra a "ideologia de gênero"

Índia

PRIMEIRO MANDATO

Período eleitoral marcado por discursos antimuçulmanos

SEGUNDO MANDATO

Aumento da frequência de discursos que colocam os muçulmanos como *outsiders*

Incitação mais explícita da violência contra a população muçulmana

Indonésia

SEGUNDO MANDATO
Período eleitoral marcado por discursos fundamentados na guerra
às drogas

Filipinas

PRIMEIRO MANDATO
Período eleitoral marcado por discursos fundamentados na guerra
às drogas

Aumento do policiamento e da militarização

Dentre as ações legitimadas pela criação de um inimigo interno, uma das mais frequentes é o aumento do investimento nas forças de segurança. Estas passam a contar com diversos recursos, inclusive tecnológicos, e têm suas ações — mesmo quando violentas — respaldadas pelo poder público. Além disso, muitas vezes essas forças têm sua área de atuação ampliada e passam a ser responsáveis por questões que não seriam, à primeira vista, securitárias.

Foi o que ocorreu na Hungria, onde uma das políticas de Orbán contra a entrada de imigrantes no país foi a construção de um muro em região de fronteira extremamente militarizada.[47] Em 2015, ele construiu um muro na fronteira do país com a Sérvia, a Croácia e a Eslovênia.[48] Dentre outras ações, o policiamento das fronteiras aponta para a configuração de uma verdadeira securitização da migração: além da criação do muro, um grande número de policiais foi deslocado para atuar nas fronteiras e houve um alto investimento em tecnologias de segurança no local.[49]

Os discursos de Orbán também são recheados de elogios para as forças policiais que atuam nas fronteiras, frequentemente apresentados por ele como "heróis", que defenderiam as "famílias húngaras" contra inimigos — incluindo os construídos por sua própria propaganda.[50]

Esse aspecto guarda estreita semelhança com o modo como Bolsonaro frequentemente se dirigia aos policiais militares e agentes da segurança pública no Brasil. Dentre outras falas que os colocam como heróis, o presidente já elogiou, em 2019, policiais que matam em serviço, e, em 2020, afirmou: "Entre a vida de um policial e de mil vagabundos [...] eu fico com aquele policial militar".

O aumento do policiamento e a militarização também podem ser identificados nos sucessivos episódios de repressão a protestos ou a movimentos sociais. Na Índia, por exemplo, a publicação da Lei de Cidadania — que baseia o acesso à cidadania em critérios religiosos e será detalhada adiante — foi acompanhada de diversos protestos organizados pela comunidade muçulmana no país, que foram combatidos com brutal violência por parte dos apoiadores de Modi e um alto nível de repressão por parte da polícia. Segundo relatório da Human Rights Watch,[51] as forças policiais prenderam e espancaram diversos ativistas (incluindo crianças).

Foi também o que aconteceu na Polônia, por exemplo nos protestos organizados em resposta às restrições ao direito ao aborto: em 2020, organizações da sociedade civil denunciaram o uso abusivo da força por parte dos agentes de segurança, bem como as detenções arbitrárias de manifestantes e jornalistas.

Nas Filipinas, houve um aumento extraordinário do uso das forças policiais para o combate ao tráfico de drogas. Ao ser eleito, em 2016, Rodrigo Duterte passou a incentivar a realização de operações policiais antidrogas — o número de tais ações saltou de cerca de 25 mil, em 2015, para mais de 54 mil, em 2016.[52]

No Brasil, para além dos discursos de apoio às forças de segurança e às suas práticas violentas, Bolsonaro efetivamente ampliou suas competências: a questão ambiental, por exemplo, também passou a estar sob a alçada da polícia. Já em 2019, Bolsonaro autorizou o uso da Força Nacional em operações vinculadas ao ICMBio. Em 2021, o mesmo órgão assinou, em conjunto com o Ministério do Meio Ambiente, termo de cooperação que permite que a Polícia Militar emita multas ambientais na região do Pantanal.

Eis uma síntese do aumento do policiamento e da militarização promovidos por autocratas nos países analisados.

Brasil

PRIMEIRO MANDATO
Ampliação da competência das forças de segurança para atuarem
em questões ambientais

Hungria

SEGUNDO MANDATO
Construção de muro na fronteira com a Sérvia e a Croácia
Aumento do policiamento nas fronteiras
Investimento em tecnologias de segurança nas fronteiras

Polônia

PRIMEIRO MANDATO
Repressão violenta de protestos organizados por organizações feministas

Índia

SEGUNDO MANDATO
Repressão violenta de protestos contra mudanças legais
que prejudicam os muçulmanos

Indonésia

PRIMEIRO MANDATO
Aumento das operações policiais antidrogas

Filipinas

PRIMEIRO MANDATO
Aumento das operações policiais antidrogas

Restrições à cidadania

> Não consideramos essas pessoas como muçulmanos refugiados. Nós os consideramos invasores.
>
> *Viktor Orbán, em entrevista ao jornal alemão* Bild, *2018*

As restrições à cidadania de grupos específicos em geral acompanham e legitimam outras medidas legais, como o maior policiamento ou o encarceramento. Ao mesmo tempo, elas também são legitimadas pelo discurso de construção de inimigos. Esse tipo de tática também permite que os próprios civis se voltem contra esses grupos — a negligência dos governos ao lidar com casos de vigilantismo ou de "justiça com as próprias mãos", por exemplo, configura uma restrição aos direitos das pessoas violentadas. Esse ponto revela que as táticas de restrição de direitos de certos grupos não são só negativas: podem vir acompanhadas de estratégias positivas de ampliação dos direitos de outros grupos sociais, muitas vezes construídos como antagonistas do grupo considerado como um potencial inimigo.

Na Índia, por exemplo, no final de 2019 o governo aprovou uma emenda à Lei de Cidadania (Citizenship Amendment Act, ou CAA, em inglês). Pela primeira vez, a legislação leva em conta a religião para facilitar ou obstaculizar o acesso à cidadania: por exemplo, os refugiados ou imigrantes irregulares não muçulmanos têm incentivos legais para regularizar sua situação no país, ao mesmo tempo que os muçulmanos — identificados por membros do governo como "infiltrados" — são expressamente excluídos de tais previsões.[53]

A aprovação da lei gerou uma onda de protestos que, além de serem duramente reprimidos pela polícia, encontraram reações de civis: alguns deles, armados com espadas, bastões e garrafas de vidro, invadiram, destruíram e saquearam diversos bairros muçulmanos. A violência foi incentivada por políticos do partido do presidente, um dos quais publicamente afirmou que as pessoas deveriam "atirar nos traidores", e a polícia pouco atuou para conter esse tipo de violência direta.[54]

Na Hungria, não apenas foi construída uma barreira física para impedir ou diminuir o fluxo de pessoas, mas foram impostos obstáculos legais para tanto, uma vez que a legislação que previa a possibilidade de asilo ou refúgio no país foi totalmente desmontada.[55]

Na Polônia, o governo de Duda utiliza estratégias de fortalecimento do modelo considerado "ideal" de família: em 2016, foi lançado um programa de incentivo financeiro para famílias com crianças, que aumentava conforme o número de crianças na família, a fim de incentivar a fertilidade.[56] Além disso, o governo diminuiu a idade para aposentadoria das mulheres para sessenta anos, com o objetivo de reafirmar o "potencial de cuidado" de cada uma delas.[57] Tais políticas colocam as mulheres como explicitamente responsáveis por esse tipo de trabalho doméstico e de cuidado, sem incentivar os homens a colaborar em tal esfera das relações familiares.[58] São políticas que ganham tração também por meio do discurso de criação de um inimigo interno — que é sempre retratado em oposição ao modelo de cidadão incentivado por determinadas políticas públicas.

Esse tipo de política se combinou com restrições diretas aos direitos reprodutivos das mulheres: em 2020, no curso do segundo mandato de Duda, a corte constitucional do país — então composta por uma maioria de ministros nomeados pelo partido do presidente — restringiu ainda mais o direito ao aborto legal, excluindo a possibilidade para casos de má-formação embrionária. Em janeiro de 2021, quando a mudança entrou em vigor, uma nova onda de protestos — duramente reprimidos — tomou o país (ver "Criminalização e violência extralegal", p. 92).

Na Indonésia, as restrições de direita vinculadas à política antidrogas podem ser percebidas quando se atenta às pessoas usuárias de drogas: o governo criou um programa de "comunicação compulsória" sobre os casos de uso de drogas, que leva à internação compulsória desses sujeitos — a medida já foi contestada por especialistas da região, que alegam não haver "tratamento" possível em um contexto de obrigatoriedade, restrição da liberdade e exclusão da comunidade.[59] Além desses mecanismos, as denúncias de violência por parte de agentes públicos de segurança durante sua atuação são pouco investigadas. Nas Filipinas, inclusive, há denúncias de que o governo apoiou assassinatos extrajudiciais de suspeitos por tráfico e uso de drogas.[60]

No Brasil, Bolsonaro restringiu certos direitos das pessoas presas. Em 2019, exonerou todos os peritos do Mecanismo Nacional de Prevenção e Combate à Tortura (MNPCT), órgão responsável por monitorar a situação das instituições de privação de liberdade e verificar a garantia dos direitos humanos internacionais.[61] Apesar da sua tentativa de desidratar o MNPCT, sua decisão foi suspensa pela Justiça Federal e não foi implementada. Além disso, as restrições aos direitos reprodutivos das mulheres também ganharam mais espaço dentro de seu governo: em 2020, por exemplo, a proteção do "direito à vida desde a concepção" — em oposição clara ao direito ao aborto — foi elencada como diretriz da Estratégia Federal de Desenvolvimento para o Brasil.

O esquema a seguir descreve as medidas de restrição à cidadania tomadas por autocratas nos países analisados.

Brasil

PRIMEIRO MANDATO

Proteção do "direito à vida desde a concepção", elencado como diretriz da Estratégia Federal de Desenvolvimento para o Brasil

Tentativa de desmonte do Mecanismo Nacional de Prevenção e Combate à Tortura, que monitora as garantias de direitos humanos nas instituições de privação de liberdade

Hungria

SEGUNDO MANDATO

Desmonte da legislação que regulamentava as possibilidades de asilo ou refúgio

Polônia

PRIMEIRO MANDATO

Lançamento de um programa de incentivo financeiro para famílias,
a fim de incentivar a fertilidade (restrição dos direitos reprodutivos
das mulheres)

Diminuição da idade de aposentadoria das mulheres para reafirmar
seu "potencial de cuidado" (restrição dos direitos reprodutivos
das mulheres)

SEGUNDO MANDATO

Restrições ao direito ao aborto legal

Índia

SEGUNDO MANDATO

Aprovadas mudanças na Lei de Cidadania, que obstaculizam o acesso
à cidadania indiana para pessoas muçulmanas

Falta de ação policial para conter a violência dos civis em bairros
muçulmanos, que foram destruídos e saqueados

Indonésia

PRIMEIRO MANDATO

Implementação de programa público de internação compulsória para
usuários de drogas

Falta de investigação e negligência para controlar práticas de tortura
e assassinatos de suspeitos por tráfico e uso de drogas, promovidos
pelas forças de segurança pública

Filipinas

PRIMEIRO MANDATO

Falta de investigação e negligência para controlar práticas de tortura
e assassinatos de suspeitos por tráfico e uso de drogas, promovidos
pelas forças de segurança pública

Multiplicação das formas de criminalização e endurecimento das penas

> Em vez de atender aos pontos de vista dos especialistas [...] políticos e legisladores populistas dizem se basear nos anseios de pessoas há muito em sofrimento, sobretudo das vítimas, cujas preferências são geralmente por medidas mais punitivas.
>
> *David Garland,* Asian Journal of Criminology, *2021*

Por fim, também foi identificada uma tática de multiplicação das formas de criminalização. Nesse sentido, há novamente uma ampliação da criminalização, mas dessa vez foi entendida como uma diversificação dos tipos penais: criam-se novos crimes que colocam sob o alcance do sistema de justiça criminal práticas especificamente relacionadas com os grupos sociais retratados como inimigos. Além disso, em alguns países as penas de crimes já vinculados a determinados grupos foram agravadas, ou seja, determinadas condutas passaram a ser passíveis de uma punição mais longa ou mais grave (como a restrição de liberdade).

Na Hungria, por exemplo, a retórica de construção de inimigos se desdobrou na criminalização direta de ONGs e movimentos sociais que lidavam com a questão da migração no país, por meio da Lei Stop Soros (ver "Criminalização e violência extralegal", p. 92). A lei criou novos crimes relacionados à promoção e ao apoio da imigração ilegal, alguns puníveis com penas de prisão. Dentre as condutas criminalizadas estão, por exemplo, a distribuição de conteúdo informativo sobre migração nas fronteiras do país.

Já na Polônia, em novembro de 2020, o instituto Life and Family Foundation — também crucial à restrição polonesa ao aborto — conseguiu, por meio de iniciativa popular de lei, propor ao Parlamento um projeto com clara inspiração russa (Stop LGBT Bill), que viria a proibir a "promoção" de relacionamentos homoafetivos e impediria paradas do orgulho LGBTQIA+. Até julho de 2022, não há registro da aprovação de tal lei.

Contudo, no mesmo ano, o país aumentou a pena para a conduta de expor "outras [pessoas] ao risco de infecção" pelo vírus do HIV, já criminalizada anteriormente. A mudança foi feita dentro de um pacote de alterações no Código Penal aprovadas por conta da pandemia. Agora, pessoas acusadas de tal crime podem enfrentar penas de até oito anos de prisão — antes, a pena máxima era de três anos. Ativistas LGBTQIA+ apontam que a lei amplia a discriminação de pessoas que convivem com o HIV e prejudica o acesso ao tratamento da doença.

Por fim, na Indonésia, assim que Widodo foi empossado no cargo pela primeira vez, em 2014, o presidente voltou a utilizar a sanção de pena de morte e solicitou a execução de catorze pessoas sentenciadas por tráfico de drogas, em um evidente movimento de endurecimento penal.[62] Entre 2016 e 2018, praticamente 120 mil pessoas foram presas no país em razão de crimes relacionados ao comércio de substâncias ilícitas.[63] Atualmente, cerca de 70% da população prisional local é composta por pessoas acusadas desse tipo de crime.[64]

Assim como na Indonésia, no Brasil, Bolsonaro também se elegeu alegando que iria endurecer as penas de prisão. Já em 2019, foi aprovado o pacote anticrime, que alterou diversos pontos da legislação penal e processual penal do país. Dentre as mudanças, apresentadas pelo então ministro da Justiça Sérgio Moro, estão o aumento da pena máxima (de trinta para quarenta anos) e a obstaculização da progressão de regime e da liberdade condicional para diversos crimes, em especial aqueles listados na Lei de Crimes Hediondos.

Essas táticas de multiplicação da criminalização e endurecimento das penas tiveram ampla adesão de autocratas em diversos países do mundo, conforme descreve o resumo a seguir.

Brasil

PRIMEIRO MANDATO

Aprovação do pacote anticrime, que aumenta a pena máxima
possível e dificulta a progressão de regime e a liberdade condicional,
em especial para condutas listadas na Lei de Crimes Hediondos

Hungria

SEGUNDO MANDATO

Aprovação de lei que criminaliza "a promoção e o suporte à imigração
ilegal" (Pacote Anti-Soros)

Polônia

SEGUNDO MANDATO

Criminalização de pessoas portadoras de HIV que "exponham outras
ao risco de infecção"

Indonésia

PRIMEIRO MANDATO

Solicitação da execução imediata da pena de morte de catorze
acusados por tráfico de drogas
Aumento das prisões em razão de crimes relacionados ao comércio
de substâncias ilícitas

Filipinas

PRIMEIRO MANDATO

Aumento das prisões em razão de crimes relacionados ao comércio
de substâncias ilícitas

PARTE III

Desvios do caminho da autocracia e a necessidade de responsabilização

DERROTAS ELEITORAIS E OS CAMINHOS DA RESPONSABILIZAÇÃO: O CASO NORTE-AMERICANO

Não são muitos os exemplos de países que, uma vez no caminho da autocracia, conseguiram encontrar uma via de possível retorno à democracia. A eleição de Lula, no Brasil, parece ter tido esse significado: ao menos em um primeiro momento, tira o país do caminho da autocracia que vinha sendo trilhado por Bolsonaro, que muito provavelmente aceleraria seu passo para alcançar o final dessa estrada se tivesse tido seu projeto político legitimado por uma reeleição. Apesar de importante, ainda não é possível saber se as eleições de 2022 representam um retorno definitivo à democracia ou um mero desvio de um caminho que pode ser retomado mais à frente, inclusive pelo próprio Bolsonaro.

Assim como no Brasil, também nos Estados Unidos, em 2020, o autocrata que trilhava um determinado caminho não foi reconduzido ao poder. Naquele ano, Donald Trump, candidato do Partido Republicano à reeleição e publicamente admirado e elogiado por Bolsonaro, perdeu as eleições para Joe Biden, candidato do Partido Democrata e ex-vice-presidente de Barack Obama. O resultado das eleições desencadeou um processo de radicalização de Trump e de seus apoiadores, que culminou na invasão do Capitólio norte-americano no dia 6 de janeiro de 2021. Os invasores, dentre os quais diversos membros de grupos de extrema direita, pretendiam impedir a certificação, pelo Congresso, da eleição de Biden.

Nos meses entre esse momento e a realização das eleições, contudo, Trump lançou mão de diversas outras estratégias para deslegitimar e tentar reverter o resultado eleitoral. Desde o momento em que os resultados passaram a ser divulgados, no início de novembro de 2020, Trump deu declarações mentirosas de que haveria ocorrido algum tipo de fraude eleitoral. As falas públicas feitas por ele e seus aliados se transformaram em ações judiciais interpostas por sua campanha em alguns dos estados norte-americanos. As ações foram negadas pelas cortes estaduais.

Para além dos diversos pedidos judiciais, Trump também pressionou politicamente seus aliados no governo federal e nos governos estaduais a sustentarem suas alegações de fraude. Uma investigação posterior realizada por senadores, por exemplo, resultou em relatório que documenta a pressão feita por Trump para que o Departamento de Justiça ajudasse a reverter o resultado das eleições. Dentre os casos de pressão mais relevantes está o da Georgia: Trump chegou a pressionar o secretário responsável pelas eleições do Estado por telefone, pedindo que ele "encontrasse os 11.780 votos" que separaram ele e Biden no local. A conduta de Trump e seus apoiadores no caso da Geórgia está sendo investigada e pode resultar em uma condenação criminal para o ex-presidente.

As manifestações e tentativas jurídicas e políticas de reverter o resultado eleitoral culminaram na invasão do Capitólio, o Congresso norte-americano, no dia 6 de janeiro de 2021. A invasão ocorreu após um evento público (ou *"rally"*) organizado por Trump para seus aliados. Depois da fala do então presidente, centenas de pessoas se dirigiram ao Capitólio para tentar impedir a certificação da eleição de Joe Biden. Pelo menos sete pessoas morreram na ação, que também resultou na invasão e na destruição de gabinetes de parlamentares e na coação dessas mesmas autoridades públicas. As investigações sobre o ocorrido ainda estão se desenrolando, mas a vinculação de muitos invasores com grupos de extrema direita já foi provada e diversos participantes da ação foram condenados. O comitê do Congresso responsável pelas investigações também investiga qual foi a participação do próprio Trump na organização e preparação da ação — no momento da invasão, sabe-se que ele foi ao menos omisso em relação à situação. Logo após a invasão, o Congresso americano tentou aprovar o impeachment de Trump por incitação à insurreição — ele já havia sido absolvido em uma primeira tentativa de impeachment ao longo de seu mandato. Mesmo diante da gravidade dos fatos, também nesse segundo processo a condenação política do então presidente não se concretizou.

Após sua saída do cargo, ainda não houve denúncia do ex-presidente em nenhuma das cinco investigações enfrentadas por ele. No caso da invasão do Capitólio, ele pode ser denunciado por incitação de insurreição, conspiração sediciosa, conspiração contra o governo, fraude eleitoral e obstrução de justiça. Se denunciado, pode ser condenado criminalmente por qualquer um desses crimes. A condenação criminal também pode ser o resultado de uma eventual denúncia por causa de suas condutas após a eleição no estado da Geórgia, onde ele também é investigado. Além desses dois casos, Trump, alguns de seus familiares e suas empresas enfrentam duas investigações por crimes financeiros. Por fim, Trump também está sendo investigado pela possível remoção de documentos sigilosos da Casa Branca por causa de arquivos localizados em 2022 em sua residência pessoal em Mar-a-Lago.

Assim como as ineficazes tentativas de responsabilização via impeachment, nenhuma medida efetiva foi tomada para responsabilizar criminalmente ou eleitoralmente o ex-presidente entre 2020 e 2022. Suas manifestações de deslegitimação das eleições e do processo eleitoral seguiram frequentes e a mentira propagada por ele sobre uma suposta fraude eleitoral (denominada "a grande mentira" — ou "*the big lie*", em inglês) tem sido repercutida por diversos de seus apoiadores. Mesmo usando esse tipo de retórica antidemocrática, Trump segue sendo uma figura relevante dentro do Partido Republicano e, em 2022, anunciou sua pretensão de concorrer às eleições presidenciais de 2024. No discurso de lançamento de sua candidatura, ele seguiu propagando mentiras: disse que a China estava envolvida na vitória de Biden e que o formato das eleições americanas deve ser reformulado para impedir a fraude.

Além de ter ganhado ainda mais centralidade no Partido Republicano, políticos diretamente alinhados ao trumpismo — defensores da "*big lie*" — concorreram ao Congresso e ao Governo de diversos estados nas eleições de meio de mandato ("*midterms*") realizadas nos Estados Unidos em 2022. Entre eles, estava Herschel Walker, que concorreu ao Senado pela Geórgia e perdeu para o candidato democrata Raphael Warnock, vitória que garantiu ao Partido Democrata o controle do Senado norte-americano. No Congresso, a maioria eleita foi de republicanos. Contudo, assim como ocorrido na Geórgia, muitos dos candidatos apoiados por Trump perderam: foi o que ocorreu no Arizona, em New Hampshire e na Pensilvânia. Mesmo em um Estado em que a votação republicana para o governo foi expressiva — garantindo a reeleição do governador Ron DeSantis — sua vitória não parece favorecer Trump: para muitos, DeSantis é apontado como uma alternativa republicana a Trump na corrida eleitoral de 2026. Sua vitória, portanto, foi vista em alguma medida como mais um sinal de que existem rachaduras na hegemonia trumpista dentro do partido.

O apoio institucional dos republicanos a Trump — chamado pelo cientista político Steven Levitsky de "trumpnização do Partido Republicano" — é um dos alertas de que, mesmo após a derrota eleitoral de Trump, a democracia norte-americana segue em risco. Em entrevista, Levitsky inclusive assinalou que considera tal partido como uma força antidemocrática na atualidade. Para ele, os republicanos não foram capazes de conter os arroubos autoritários de Trump. Segundo o autor, estabelecer esse tipo de contenção política dentro do partido — por exemplo, fortalecendo outros grupos dentro do espectro republicano — seria um dos pontos fundamentais para a proteção da democracia do país.

A preocupação com a forma com que o Partido Republicano incorporou Trump e suas ideias e ações antidemocráticas também está no centro das preocupações do jornalista Barton Gellmon. Ele aponta que, em 2024, tal partido estará mais bem articulado e organizado para tentar subverter os resultados eleitorais que não os favoreçam. Ele narra, por exemplo, que passado mais de um ano da invasão ocorrida em 6 de janeiro, há poucos republicanos que ainda afirmam o caráter antidemocrático da ação. A maioria dos integrantes e apoiadores do partido aderiu à narrativa trumpista de que se tratou simplesmente de um protesto, uma situação que foi distorcida pelo Partido Democrata. Além disso, Gellmon registra sua preocupação com os esforços republicanos de alteração das regras eleitorais locais, que se disseminaram desde 2020, e tentam tanto restringir o direito ao voto de determinados grupos quanto redesenhar os mapas eleitorais para garantir que seus candidatos prevaleçam.

Analistas norte-americanos que alertam para o movimento antidemocrático que tem se desenhado desde a derrota de Trump também olham com preocupação para a aproximação da extrema direita dos EUA com Viktor Orbán, que foi convidado de uma convenção conservadora realizada em 2022. Thomas Edsall, partindo da mesma percepção, registra que alguns estudiosos acreditam que, se reeleito, Trump provavelmente trilharia alguns dos caminhos autocráticos abertos por Orbán para permanecer no poder e garantir o avanço de seu projeto político, que também compartilha traços com o projeto nacionalista, cristão e conservador de Orbán.

Apesar das especificidades de cada um dos contextos, o caso dos Estados Unidos revela que não basta somente a derrota eleitoral do autocrata para que os riscos à democracia sejam sanados. A derrota eleitoral pode minimizar — ao menos por um período — esse risco. É, portanto, um primeiro e necessário passo para se desviar do caminho da autocracia. Ao mesmo tempo, se não houver responsabilização pelas tentativas de erosão da democracia, o autocrata e seus apoiadores podem utilizar esse tempo entre uma eleição e outra para se reorganizar, articular suas táticas e inclusive afinar suas parcerias internacionais. Se permanecerem como possíveis candidatos e mantiverem sua relevância política, os autocratas podem se reeleger e ver legitimado seu projeto político de esgarçamento da democracia.

O CASO BRASILEIRO: QUAIS OS CAMINHOS DE RESPONSABILIZAÇÃO DO AUTOCRATA?

A permanência de Trump como um ator político relevante e a falta de qualquer tipo de responsabilização por suas ações e falas contrárias à democracia acende um alerta ao olharmos para a situação do Brasil. Aqui, apesar da derrota de Bolsonaro na presidência, diversos deputados e senadores ligados ao bolsonarismo foram eleitos em 2022. É o caso, por exemplo, de Damares Alves, Sérgio Moro e Marcos Pontes, ex-ministros de Bolsonaro eleitos para o Senado, e Carla Zambelli e Nikolas Ferreira, apoiadores relevantes do ex-presidente eleitos para a Câmara de Deputados. Ricardo Salles e Eduardo Pazuello, também ex-ministros, igualmente ocupam cadeiras no Congresso.

O crescimento e o fortalecimento da extrema direita no legislativo são indicações de que o bolsonarismo ainda seguirá mobilizando uma parcela do eleitorado nos próximos anos. Além da possibilidade do avanço das pautas conservadoras e até antidemocráticas ou inconstitucionais no Congresso, grupos da sociedade civil ligados ao bolsonarismo também devem continuar atuando no Judiciário e junto a governos estaduais e municipais. Por tudo isso, e por exigência do Estado de Direito, é fundamental investigar e responsabilizar Bolsonaro, integrantes de seu governo e seus apoiadores por suas condutas que colocaram em risco a democracia.

Para além da possibilidade de responsabilização por crimes eleitorais, detalhados na próxima seção, Bolsonaro também enfrenta outras investigações que podem torná-lo réu e, portanto, resultar em uma condenação criminal. Uma condenação criminal pode torná-lo inelegível por um período de tempo, conforme a Lei da Ficha Limpa. Importante registrar também que não é só Bolsonaro que pode ser responsabilizado: diversos de seus ministros ou ex-ministros também estão sendo investigados — é o caso, por exemplo, de Eduardo Pazuello, também investigado em várias frentes por causa de sua conduta como ministro da Saúde, cargo que ocupou durante a pandemia da covid-19. Outro ex-ministro investigado no STF é Milton Ribeiro, que ocupou a chefia da pasta de Educação: desde 2022, ele é investigado pela prática dos crimes de tráfico de influência e corrupção. Essas investigações sobre situações que envolveram seus ministros, se continuadas e aprofundadas, podem também respingar em Bolsonaro.

Desde junho de 2016, portanto antes de se tornar presidente da República, Bolsonaro já era réu por incitação ao estupro e injúria por conta dos insultos dirigidos à deputada Maria do Rosário, do PT. As ações estão suspensas por decisão do STF desde 2019, mas podem ser retomadas — e resultar em uma condenação — agora que ele não ocupa mais nenhum cargo público. Para além desses casos, ele figura como investigado em outros cinco inquéritos do STF, iniciados para apurar condutas ocorridas durante seu período na presidência.

O primeiro deles é o procedimento que investiga as possíveis interferências de Bolsonaro na Polícia Federal. Iniciado em 2020 a partir das declarações dadas por Sérgio Moro no momento de sua saída do governo federal, o inquérito (n. 4.831) encontra-se sob responsabilidade do ministro Alexandre de Moraes. Ele é também o responsável pelo inquérito (n. 4.878) que apura se, em entrevista dada em 2021, Bolsonaro divulgou informações de investigação sigilosa da Polícia Federal sobre uma possível invasão hacker às urnas eletrônicas.

Além desses dois casos, Bolsonaro também é investigado, desde 2021, no grande inquérito que investiga a disseminação de *fake news* por milícias digitais articuladas e as tentativas de atentar contra a democracia. O inquérito (n. 4.781) foi iniciado em 2019 pelo próprio STF após a disseminação na internet de conteúdos ofensivos e mentirosos que tinham como alvo os próprios ministros do STF. Além de investigar diversos congressistas ligados a Bolsonaro, como a deputada Carla Zambelli e o ex-deputado Daniel Silveira — que chegou a ser preso após defender publicamente a destituição dos ministros do STF e fazer apologias diretas à ditadura militar —, nesse inquérito são também investigados ativistas bolsonaristas, como Allan dos Santos — que teve sua prisão preventiva decretada e saiu do país — e empresários que têm financiado a disseminação de *fake news*. Bolsonaro foi incluído na investigação após afirmar em live nas redes sociais que teria indícios de fraudes ocorridas nas eleições presidenciais de 2018 e fazer críticas ao TSE — esse tipo de fala foi frequente antes e durante o período eleitoral de 2022. Trata-se, portanto, de investigação de grande porte, que se desdobrou em diversas ramificações e investiga condutas de extrema gravidade contra a democracia.

Também em 2021, Bolsonaro passou a ser investigado em inquérito (n. 4.888) que apura a disseminação de notícias falsas sobre as vacinas contra a covid-19. A investigação foi iniciada por meio de solicitação da Comissão Parlamentar de Inquérito (CPI) da covid-19 após Bolsonaro fazer associação mentirosa, novamente em live nas redes sociais, entre a vacinação e o desenvolvimento do vírus HIV. Neste ponto, vale registrar também que a CPI, em seu relatório final, recomendou o indiciamento de Bolsonaro por diversos crimes, como epidemia com resultado de morte, charlatanismo e emprego irregular de verbas públicas. As descobertas e as sistematizações feitas pela CPI sobre a condução da pandemia podem também fornecer subsídio a uma futura condenação de Bolsonaro. Além dele, a CPI também recomendou que fossem indiciados diversos membros do governo — como Eduardo Pazuello, Marcelo Queiroga, Onyx Lorenzoni, Ernesto Araújo, dentre outros — e diversos apoiadores vocais de Bolsonaro, como a médica Nise Yamaguchi e o empresário Luciano Hang.

Com base no seu relatório, a CPI também denunciou a atuação de Bolsonaro por crime contra a humanidade ao Tribunal Penal Internacional (TPI). Bolsonaro enfrenta também a possibilidade de responsabilização internacional pelo crime de genocídio. Em 2021, a Articulação dos Povos Indígenas no Brasil (Apib) denunciou Bolsonaro ao TPI por genocídio em razão das atitudes do governo federal em relação aos povos indígenas durante a pandemia da covid-19. A denúncia foi juntada a documento enviado ao TPI em 2019 pela Comissão Arns e pelo Coletivo de Advocacia em Direitos Humanos (CADHu), que representou contra Bolsonaro pelo desmonte ocorrido na área de proteção ambiental, enquadrando tais condutas tanto como crimes contra a humanidade quanto como genocídio contra as populações indígenas — já afetadas antes da pandemia da covid-19.

O TPI, localizado em Haia, é um órgão internacional em atuação desde 2002 que tem como objetivo apurar e punir indivíduos pelos crimes de genocídio, aqueles contra a humanidade, os crimes de guerra e crimes de agressão. Apesar de receber diversas denúncias, em cerca de vinte anos de atuação, o Tribunal analisou cerca de trinta casos, e somente dez resultaram em condenações. Sendo assim, a possibilidade de responsabilização por essa via é ainda mais incerta.

Bolsonaro deixou a presidência, portanto, com a possibilidade de ser responsabilizado criminalmente a partir de qualquer um dos inquéritos em que ele é investigado, no processo em que ele já era réu ou, então, de enfrentar uma responsabilização internacional em alguma das denúncias já feitas contra as condutas de seu governo. Além disso, pode também ser responsabilizado eleitoralmente e politicamente pelas diversas violações ocorridas durante o período eleitoral, detalhadas a seguir.

ELEIÇÕES (ANTI)DEMOCRÁTICAS, CRIMES ELEITORAIS E RESPONSABILIZAÇÃO

Eleições democráticas são mecanismos de escolha social sob condições de liberdade e igualdade. Para se qualificarem como democráticas, as eleições devem oferecer uma escolha efetiva de autoridades políticas entre uma comunidade de cidadãos livres e iguais.

Nesse sentido, é possível apontar condições necessárias para que as eleições possam cumprir a promessa de uma escolha democrática efetiva. O esquema a seguir apresenta etapas essenciais do processo eleitoral a partir de um encadeamento que engloba desde o objeto de escolha eleitoral até as consequências finais dos resultados eleitorais. Ao mesmo tempo, apresenta táticas que podem violar o processo eleitoral por interferirem indevidamente, por exemplo, na quantidade de candidatos disponíveis no pleito, na formação e expressão das preferências políticas dos cidadãos, e na aceitação dos resultados eleitorais pelos candidatos.

Esse conjunto de sete categorias foi formulado por Andreas Schedler, num artigo de referência para detectar derivas autoritárias de eleições com aparência democrática. A metodologia de Schedler explicita o objetivo que cada uma dessas categorias busca e as possíveis formas de projetos autoritários os violarem. Oferece um conjunto de lentes para examinar cada fase de um processo eleitoral tão atacado quanto o brasileiro de 2022.

Em resumo, uma eleição genuinamente democrática pressupõe:

O empoderamento de eleitores para que efetivamente façam escolhas significativas;

A liberdade de oferta, ou a existência de alternativas partidárias que possam ser escolhidas;

A liberdade da demanda, ou a proteção de direitos civis e a possibilidade de cidadãos se informarem sobre a disputa;

A inclusão, ou o direito igual de cada cidadão, sem impedimentos formais ou informais, explícitos ou disfarçados, de votar;

O insulamento, ou a proteção contra a intimidação para que eleitores possam expressar publicamente preferências;

A integridade, ou a garantia de que a eleição não seja fraudulenta e que cada voto seja contado e tenha peso igual; e

A irreversibilidade, isto é, a obrigação de respeitar o resultado eleitoral, sem interferências externas que busquem tutelar o poder.

Encadeamento da escolha democrática[1]

OBJETO DE ESCOLHA

Objetivo: empoderamento Eleições democráticas envolvem a delegação do poder da autoridade decisória
Estratégias de dominação Limitação do escopo dos cargos eletivos
Limitação da jurisdição dos cargos eletivos

VARIEDADE DE ESCOLHA

Objetivo: liberdade de oferta Cidadãos devem ser livres para formar, aderir e apoiar partidos, candidatos e políticas conflitantes
Estratégias de violação Restrição do acesso à arena eleitoral
Desorganização da dissidência eleitoral

FORMAÇÃO DE PREFERÊNCIAS

Objetivo: liberdade de demanda Cidadãos devem ser capazes de aprender sobre as alternativas eleitorais disponíveis por meio do acesso a fontes alternativas de informação
Estratégias de violação Restrição de liberdades civis e políticas
Restrição do acesso à mídia e a recursos financeiros

ESCOLHA ELEITORAL

Objetivo: inclusão Democracia exige direito de participação igualitária de todos os membros da comunidade política
Estratégias de violação Restrições legais ao sufrágio
Restrições práticas ao sufrágio

EXPRESSÃO DE PREFERÊNCIAS

Objetivo: insulamento Cidadãos devem ser livres para expressar suas preferências eleitorais
Estratégias de violação Intimidação dos eleitores
Compra de votos

AGREGAÇÃO DE PREFERÊNCIAS

Objetivo: integridade Uma pessoa, um voto. O ideal democrático de igualdade exige que os votos sejam contados igualmente
Estratégias de violação Gestão eleitoral "redistributiva"
Regras eleitorais "redistributivas"

CONSEQUÊNCIAS DA ESCOLHA ELEITORAL

Objetivo: irreversibilidade Eleições sem consequências não se qualificam como democráticas
Estratégias de violação Impedimento das autoridades eleitas exercerem seus poderes constitucionais
Impedimento de os vitoriosos assumirem os cargos ou de que as autoridades eleitas concluam seus mandatos constitucionais

As eleições presidenciais brasileiras de 2022 foram marcadas por uma série de violações do processo eleitoral pela chapa Bolsonaro-Braga Netto, que tentava reeleger o então presidente Jair Bolsonaro para um novo mandato. Práticas e discursos do candidato Bolsonaro violaram diversas regras da legislação eleitoral, bem como etapas do quadro conceitual acima descrito. A seguir, são apresentadas as principais práticas e discursos bolsonaristas atentatórios ao processo eleitoral, tendo em vista dois conceitos-chave presentes na legislação eleitoral brasileira: abuso de poder político e abuso de poder econômico.

O abuso de poder político ocorre quando o agente público, valendo-se de sua condição funcional e em manifesto desvio de finalidade, desequilibra a disputa eleitoral em benefício de sua candidatura ou de terceiros.[2] Essa conduta, que viola a vontade do eleitor, se configura no momento em que a normalidade e a legitimidade das eleições são comprometidas por práticas de agentes públicos que esboçam condutas em nítido desvio de finalidade para densificar as forças de suas candidaturas.[3]

Já o abuso de poder econômico se refere à utilização excessiva, antes ou durante a campanha eleitoral, de recursos materiais ou humanos que representem valor econômico, buscando beneficiar candidato, partido ou coligação, afetando a normalidade, a isonomia e a legitimidade das eleições. Ou seja, nesses casos existem gastos eleitorais em excesso por parte de determinada candidatura que têm como objetivo influenciar negativamente a vontade do eleitorado, desvirtuando-a de sua opção inicial para que se escolha o candidato que disponha desses recursos.[4]

Por Bolsonaro ser o então presidente da República, buscando sua reeleição para o cargo, ele dispôs de acesso ao maquinário público que seus candidatos, não investidos de cargos públicos, não dispuseram. Isso é inerente a todo presidente da República que tenta se reeleger. A concretização de crimes eleitorais nesses casos, no entanto, ocorre quando o uso dos recursos públicos a favor do então presidente da República se demonstra excessivo, ou em desvio das finalidades inicialmente estabelecidas.

Exemplos disso, como se verá a seguir, incluem práticas como campanha eleitoral antecipada ou campanha eleitoral em eventos públicos que não possuíam finalidade eleitoral; ataques às instituições democráticas e à integridade do sistema eleitoral por meio de práticas institucionais; uso indevido de políticas de auxílio de renda popular enquanto instrumento de barganha e interferência na formação das preferências políticas do eleitorado, entre outros casos.

Campanha eleitoral antecipada e desvio de finalidade de eventos públicos

O Tribunal Superior Eleitoral (TSE) estipulou que, para as eleições presidenciais de 2022, seria permitido realizar propaganda eleitoral a partir de 16 de agosto do mesmo ano.[5] Isso significa que atos de promoção eleitoral por parte de candidatos à presidência da República antes desse período configuraram violação das regras eleitorais.

Durante o ano de 2022, Bolsonaro e seus aliados acumularam uma série de episódios em que realizaram campanha eleitoral antecipada. Em fevereiro de 2022, em evento oficial da presidência da República no Rio Grande do Norte, o ex-senador Magno Malta (PL-ES), acompanhando Bolsonaro, fez discurso pedindo votos ao então presidente. Também em fevereiro, o presidente se utilizou de suas lives semanais para criticar o PT, pedir votos para aliados nas eleições de 2022 e fortalecer a narrativa de combate à esquerda. Em março de 2022, no evento de filiação de Bolsonaro ao PL, chamado de Movimento Filia Brasil, o presidente discursou em tom de luta "do bem contra o mal" e disse que venceria a luta — referindo-se às eleições de 2022.

Em abril do mesmo ano, o presidente organizou uma motociata em São Paulo, gastando mais de 1 milhão de reais dos cofres públicos em segurança e organização de pessoal, fato que culminou na sua condenação pecuniária pelo TSE por campanha eleitoral antecipada. As motociatas, inclusive, foram realizadas também ao longo de 2021 por Bolsonaro e custaram mais de 5 milhões de reais em dinheiro público.

Em julho de 2022, Bolsonaro participou do evento Marcha para Jesus em São Paulo, com a participação de milhares de evangélicos — tidos como importante base eleitoral de Bolsonaro —, e novamente discursou no tom de "batalha entre o bem e o mal", da qual reafirmou que sairia vitorioso.

Já em setembro de 2022, período em que já era possível realizar campanha eleitoral, Bolsonaro se utilizou da TV Brasil, rede pública de comunicação, para convocar a população ao ato de 7 de setembro, evento público comemorativo do bicentenário da Independência do Brasil. Em entrevista na televisão, o presidente citou o seu slogan de campanha "Deus acima de tudo, Brasil acima de todos" e reforçou a narrativa de defesa pela liberdade e de combate ao "mal".

No dia 7 de setembro, o presidente se valeu do desfile cívico da Independência para fazer atos de campanha, como cumprimentar figuras públicas, posar para fotos com aliados políticos e discursar em trio elétrico conclamando apoiadores a votar nele no primeiro turno eleitoral e a convencer os que pensam "diferente de nós". Os gastos do evento comemorativo, transformado em ato de campanha de Bolsonaro, ultrapassaram 3,8 milhões de reais em recursos públicos.

Os exemplos acima configuram dois tipos de violações da legislação eleitoral: campanha antecipada e desvio de finalidade de evento público. Nos casos, foram materializados abuso de poder político e de poder econômico. Portanto, o presidente se valeu de sua função pública, do aparato e dos recursos públicos para favorecer sua campanha eleitoral em detrimento das demais, onerando excessivamente os cofres públicos e desviando a finalidade de práticas do Estado. No quadro conceitual anteriormente apresentado sobre as práticas esperadas para um processo eleitoral livre e democrático, Bolsonaro ataca a etapa de *formação de preferências* do eleitorado ao, violando regras eleitorais, tentar interferir no livre convencimento dos eleitores.

Assédio institucional permanente às instituições democráticas e ao sistema eleitoral

Durante o mandato de Bolsonaro, diversos ataques foram feitos pelo presidente às instituições democráticas, em especial ao Congresso e ao Supremo Tribunal Federal (STF). O presidente constantemente se valeu de uma retórica de vitimização em que se colocava como alvo do sistema (*establishment*) e de atores políticos que, dentro das funções constitucionais de freios e contrapesos, estabeleciam limites legais ao Executivo. Ao se aproximar das eleições de 2022, Bolsonaro intensificou seus ataques ao STF, ao TSE e ao sistema eleitoral como um todo, desafiando constantemente a confiabilidade das urnas eletrônicas.

Durante 2021, levantamento aponta que o presidente criticou o sistema eleitoral em mais de vinte oportunidades: questionou os resultados das eleições de 2018, em que supostamente teria ganhado o pleito ainda no primeiro turno; desafiou a legitimidade de pleitos eleitorais no exterior, ao duvidar dos resultados estadunidenses em que Trump foi derrotado; colocou em xeque a realização das eleições brasileiras em 2022, ao afirmar que a contagem dos votos só seria "limpa" se as urnas eletrônicas fossem substituídas pelo voto impresso.[6] Nesse sentido, o presidente pressionou o Congresso a votar a Proposta de Emenda à Constituição (PEC) que alterava o voto digital para impresso, mas que saiu derrotada na Câmara dos Deputados e nem sequer seguiu para votação no Senado Federal.

No mesmo ano, Bolsonaro fez uma série de ataques ao STF e seus ministros. Em ao menos doze ocasiões, o presidente desafiou o comportamento e a legitimidade da Suprema Corte em razão de decisões sobre a gestão da pandemia, a anulação de decisões da

Operação Lava Jato (que permitiram o retorno de Lula ao pleito eleitoral) e pronunciamentos do TSE, presidido pelos também ministros do STF, Luís Roberto Barroso, em 2021, e Edson Fachin e Alexandre de Moraes, em 2022.

Já em 2022, Bolsonaro intensificou o discurso de tornar os votos das eleições presidenciais "auditáveis" a partir de uma série de propostas de mudança e interferência institucional. Assim, retomou a discussão sobre o voto impresso, já rechaçada pelo Congresso em 2021, e propôs contagem de votos paralela à realizada pelo TSE, que deveria ser feita pelas Forças Armadas.

Em julho de 2022, o presidente se reuniu com embaixadores de diversos países no Palácio do Planalto, se utilizando de estrutura e verbas públicas, para fazer uma apresentação que questionava a segurança das urnas eletrônicas, a despeito das suspeitas apontadas por ele já terem sido desmentidas nas eleições de 2018. Na ocasião, Bolsonaro também atacou o ex-presidente Lula, seu adversário político, e os ministros do STF Luís Roberto Barroso, Alexandre de Moraes e Edson Fachin, este último então presidente do TSE.

Em agosto do mesmo ano, Bolsonaro reagiu ao discurso do ministro do STF, Luiz Fux, que, na retomada dos trabalhos do Judiciário, pediu diálogo e respeito entre os poderes nas eleições de 2022. O então presidente atacou novamente o sistema eleitoral e sugeriu que o ministro Fux fosse investigado em inquérito por suposta interferência política no Executivo.

A poucos dias do primeiro turno das eleições de 2022, o PL, partido de Bolsonaro, publicou um documento em que apontava, sem provas, que os resultados eleitorais poderiam ser fraudados pela suposta existência de uma "sala secreta" nas dependências do TSE, onde um grupo restrito de servidores do tribunal teria acesso aos códigos de programação das urnas para manipular os resultados eleitorais. Em reação ao documento, o ministro do STF e então presidente do TSE, Alexandre de Moraes, abriu as dependências do TSE para visitação pública e apresentou a ministros e aliados de Bolsonaro a sala de totalização dos votos, desmentindo a informação de que seria "secreta".

Após os resultados do primeiro turno das eleições de 2022, em que Lula teve 48% dos votos válidos ante 43% de Bolsonaro, o então presidente atacou institutos de pesquisa responsáveis por previsões de intenção de voto que, dias antes das eleições, apontaram diferença maior em prol de Lula. Nesse contexto, o deputado Ricardo Barros (PP-PR), líder do governo Bolsonaro na Câmara dos Deputados, apresentou projeto de lei para criminalizar institutos de pesquisa que apresentassem resultados de intenção de voto divergentes dos observados nas urnas.

Com os resultados do segundo turno das eleições de 2022, que elegeram Lula como novo presidente do Brasil a partir de 2023, eleito com 50,9% dos votos frente aos 49,1% recebidos por Bolsonaro, o Ministério da Defesa produziu um documento de investigação dos resultados eleitorais. A prática, apesar de não ter previsão legal e não fazer parte da tradição democrática brasileira, serviu como espécie de auditoria das eleições realizada pelas Forças Armadas. O documento final publicado não apontou irregularidades nos resultados eleitorais.

Os ataques feitos por Bolsonaro ao sistema eleitoral e às instituições democráticas, muitas vezes se utilizando de aparato e recursos públicos, podem configurar uma série de crimes. Por exemplo, o uso de aparato público para desqualificar seus adversários políticos e o sistema eleitoral pode se enquadrar no crime de abuso de poder político. Já os ataques ao STF e ao TSE, seja por parte de seus ministros, seja das próprias instituições, podem configurar o crime de tentativa de abolição do Estado democrático de direito, previsto no Código Penal (artigo 359-L). Ao mesmo tempo, a constante deslegitimação da segurança e eficiência das urnas eletrônicas, e as ameaças de que "sem voto impresso, não haverá eleição", podem configurar o crime de interrupção do processo eleitoral, também previsto na legislação penal (artigo 359-N). Ainda, os ataques à independência do Judiciário e à credibilidade do sistema eleitoral poderiam configurar crime de responsabilidade por parte do presidente.

Condenações eleitorais de Bolsonaro poderiam resultar na cassação de seus direitos políticos e inelegibilidade pelos próximos oito anos. Retomando o quadro analítico sobre o encadeamento de um processo eleitoral democrático, os ataques ao sistema eleitoral representam violações tanto na etapa de *expressão de preferências* dos eleitores, tendo em vista o questionamento do método de veiculação da vontade eleitoral (urnas eletrônicas), como na etapa de *consequências da escolha eleitoral*, ao assumir que os resultados eleitorais seriam fraudados e, portanto, não vinculariam a escolha política dos eleitores ao novo representante eleito.

Disseminação de notícias falsas

A campanha eleitoral de Bolsonaro foi marcada pela ampla disseminação de notícias falsas, as chamadas *fake news*. Para além dos casos de desinformação relacionados ao sistema eleitoral, conforme abordado no item anterior acerca da desconfiança das urnas eletrônicas, Bolsonaro se valeu de informações falsas para atacar seus adversários políticos — Lula, em especial — e sustentar atuações ilegítimas das Forças Armadas.

Durante o segundo turno das eleições de 2022, Bolsonaro constantemente se valeu da narrativa que conectava Lula ao crime organizado. Utilizando suas redes sociais (Facebook, Twitter, Instagram, WhatsApp etc.), Bolsonaro divulgou textos, imagens e vídeos que apontavam conexão entre Lula e os comandantes da facção criminosa Primeiro Comando da Capital (PCC). Após o ocorrido, o TSE ordenou a retirada dos conteúdos das redes sociais, por serem inverídicos.

Em outra ocasião, às vésperas do primeiro turno eleitoral, Bolsonaro afirmou em uma de suas lives semanais que o TSE estaria avaliando a possibilidade de proibir o ingresso de eleitores nas seções eleitorais com camisetas verde e amarela (item utilizado por apoiadores bolsonaristas). O então presidente acrescentou que, caso isso acontecesse, determinaria às Forças Armadas fechar as seções eleitorais. Ambas as informações eram falsas. O TSE nunca avaliou a possibilidade de proibir o ingresso nas zonas eleitorais, e o presidente da República não possui competência para ordenar tal tipo de ação das Forças Armadas.

Pouco antes do segundo turno, o TSE já havia concedido ao menos 42 decisões que condenaram a campanha de Bolsonaro e demais aliados políticos por espalhar notícias falsas contra a campanha de Lula.

O uso de táticas de desinformação já havia sido feito por Bolsonaro durante as eleições presidenciais de 2018, tendo sido amplamente documentado. Pesquisas apontam que, entre outros objetivos, a mobilização de redes sociais por meio de notícias falsas tem por objetivo manter o público-alvo engajado a partir de mensagens conspiratórias, atacar os oponentes políticos e desqualificar os meios de comunicação e a academia.[7]

A disseminação de notícias falsas com propósitos de benefício eleitoral é crime previsto no Código Eleitoral, podendo acarretar detenção de até um ano e pagamento de multa. As penas ainda são agravadas se o crime é cometido por meio de mecanismos de comunicação social como a imprensa, televisão, rádio, redes sociais, e se transmitido em tempo real. Além disso, a disseminação de *fake news* por políticos pode acarretar a cassação de seus mandatos.

No caso de Bolsonaro, que concorreu nas eleições de 2022 ainda enquanto presidente, a disseminação de *fake news* também pode configurar abuso de poder: político — por se valer de sua condição funcional de servidor público para obter vantagem sobre adversários políticos — e econômico — por utilizar aparato e recursos públicos para disseminar desinformação. Já na tipologia de Schedler sobre o encadeamento do processo eleitoral democrático, a conduta desinformativa configura violação da etapa de *formação de preferências*, uma vez que o convencimento dos eleitores através de informações falsas corrompe sua livre formação de preferência política.

Uso de mecanismos econômicos para desvirtuar o voto

Bolsonaro também se valeu de mecanismos de caráter econômico para desvirtuar o voto livre, como a antecipação do pagamento do Auxílio Brasil, a participação no "orçamento secreto" do Congresso e o apoio de empresários e prefeitos bolsonaristas, que coagiram funcionários e servidores públicos a votarem no ex-capitão sob pena de demissão em massa.

Após os resultados do primeiro turno eleitoral, que levou a disputa para o segundo turno entre Lula e Bolsonaro, o então presidente resolveu antecipar o pagamento do Auxílio Brasil para antes da data do segundo turno (30 de outubro de 2022). O Auxílio Brasil é uma política de assistência social de transferência de renda para famílias vulneráveis. Iniciado no primeiro mandato do governo Lula, sob o nome "Bolsa Família", foi transformado em "Auxílio Brasil" durante o governo Bolsonaro numa tentativa de distanciar a política pública de uma vinculação direta com o PT, para além das constantes críticas que o próprio Bolsonaro sempre fez ao programa, como quando afirmou que só serviria para "pobre que não gosta de trabalhar".

No mês de outubro de 2022, a previsão inicial era de que os pagamentos do Auxílio Brasil acontecessem entre os dias 18 e 31. Com a disputa eleitoral no segundo turno, o governo federal antecipou o pagamento das parcelas para entre os dias 11 a 25, portanto, antes do dia de votação. Apesar de não configurar prática ilegal, a antecipação pode ser interpretada como tentativa de influenciar, indevidamente, a escolha eleitoral da população brasileira, já que 20,7 milhões de famílias são atendidas pelo programa.

Uma investigação do Tribunal de Contas da União (TCU), no entanto, apontou falhas no processamento do Auxílio Brasil no mês de agosto de 2022. A inclusão de 3,5 milhões de famílias no programa, compostas cada qual por apenas uma pessoa, levantou suspeitas de que a política social estaria servindo para impulsionar a candidatura de Bolsonaro.

Outro fator econômico importante foi o uso do "orçamento secreto" por Bolsonaro como moeda de troca para evitar o avanço de pedidos de impeachment no Congresso, bem como aprovar suas propostas legislativas.

Anualmente, o Congresso aprova a Lei Orçamentária Anual (LOA), que prevê os gastos do governo federal no ano seguinte. Essa lei estabelece, entre outros pontos, os recursos destinados a cada um dos ministérios. Uma parcela da LOA trata de despesas obrigatórias e, outra parcela, de despesas discricionárias, cuja distribuição dos recursos é definida pelo governo para quais políticas públicas serão atendidas. Além disso, uma parte da previsão da LOA fica com o Congresso, por meio das chamadas emendas parlamentares. Com essas emendas, os deputados e senadores destinam recursos para programas de suas bases eleitorais.

A partir da LOA de 2020, o Congresso decidiu ampliar o volume orçamentário de outro tipo de recurso, as chamadas emendas de relator-geral, parlamentar responsável por elaborar a versão final da proposta de LOA que é votada no Congresso. Esse novo tipo de recurso retirou fatia importante do orçamento que seria destinado aos ministérios do Executivo para permanecer com o Legislativo.

Diferentemente das emendas parlamentares, de autorias individuais e identificáveis, as emendas do relator-geral passaram a não identificar a destinação dos recursos e os beneficiados. Após a aprovação da LOA pelo Congresso, cabe ao presidente da República sancionar ou vetar o texto. Na LOA de 2020, Bolsonaro vetou inicialmente o texto aprovado. No entanto, posteriormente negociou com parlamentares a divisão dos recursos, enviando três projetos de lei com cerca de metade do orçamento do relator (em torno de 15 bilhões de reais).

Isso ocorreu num contexto político em que Bolsonaro não tinha apoio parlamentar e diversos pedidos de impeachment tinham sido apresentados ao presidente da Câmara dos Deputados, além das denúncias de corrupção envolvendo o assessor de seu filho Flávio. Assim, a leniência de Bolsonaro ao chamado "orçamento secreto" serviu de moeda de troca entre o presidente da República e apoio político parlamentar, blindando Bolsonaro de possíveis responsabilizações nos mais de 150 pedidos de impeachment apresentados.

O "orçamento secreto" faz de recursos públicos que deveriam ser transparentes e fiscalizáveis uma política de clientelismo político entre membros do Executivo e do Legislativo. Esse mecanismo possibilitou que Bolsonaro diluísse a oposição política no Congresso durante o fim de seu mandato, mirando apoio nas eleições de 2022. Os recursos que poderiam ser destinados a políticas sociais como educação (compra de merenda escolar) e saúde (compra de vacinas e remédios) acabaram servindo para programas de superfaturamento, como compra de tratores e kits de robótica em cidades que carecem de serviços básicos.

Em outros episódios, empresários bolsonaristas e prefeitos municipais aliados de Bolsonaro ameaçaram e coagiram funcionários e servidores públicos a votarem no então presidente, sob pena de demissões em massa. Um dos casos tratou do empresário

Luciano Hang, dono da rede de lojas Havan e afeto declarado de Bolsonaro, que afirmou ter feito consulta a seus funcionários para saber suas intenções de voto. Hang publicou vídeo dizendo que demitiria 15 mil funcionários se "a esquerda vencer", e questionou seus empregados sobre o que restaria do Brasil e das lojas Havan se Lula fosse eleito.

Em outro caso, a empresa alimentícia Stara, que havia sido beneficiada em 2,1 milhões de reais com subvenção do Ministério da Ciência e Tecnologia durante a gestão Bolsonaro, enviou comunicado formal a seus funcionários afirmando que reduziria o orçamento da empresa em 30% no ano de 2023 caso Bolsonaro fosse derrotado nas eleições. O episódio foi alvo de representações por parte de diversos partidos políticos nos Ministérios Públicos Eleitoral e do Trabalho em razão dos crimes de coerção e compra de votos, e a empresa foi condenada pela Justiça do Trabalho.

Já no município de Caiana (MG), o prefeito Maurício Ferreira (PP), aliado político de Bolsonaro, publicou um vídeo em suas redes sociais ameaçando servidores públicos que votassem em Lula. Ferreira afirmou que os servidores teriam de arcar com "o resultado de suas decisões" e que não se esforçaria para cumprir com suas obrigações de pagamento na prefeitura, dando a entender que poderia deixar de pagar os salários dos servidores públicos.

Esses exemplos acima tratam de tentativas, diretas e indiretas, de influência indevida, coação e até mesmo compra de votos por parte da campanha eleitoral de Bolsonaro e de seus aliados políticos. De acordo com a legislação eleitoral, a captação ilícita do sufrágio é crime eleitoral punido com a cassação do diploma do candidato e multa, além da inelegibilidade por oito anos por parte de quem realiza tais atos. Ainda, no quadro do encadeamento do processo eleitoral democrático, tais práticas representam violações na etapa de *expressão de preferências políticas*, seja por meio da coerção, isto é, intimidação dos eleitores, seja da corrupção, ou seja, compra de votos.

Os principais mecanismos utilizados pela campanha Bolsonaro e seus aliados políticos para corromper as eleições presidenciais de 2022, tendo em vista as etapas necessárias e as violações perpetradas ao encadeamento de todo e qualquer processo eleitoral democrático, encontram-se resumidos a seguir.

Formação de preferências eleitorais

Interferências indevidas no livre convencimento dos eleitores

Campanha eleitoral antecipada e desvio de finalidade de eventos públicos

Motociatas com apoiadores com uso de estrutura e dinheiro público
Transformação de desfile cívico em homenagem ao bicentenário da
Independência em evento de campanha eleitoral

Disseminação de notícias falsas

Fake news sobre a confiança do sistema eleitoral eletrônico
Fake news sobre adversários políticos de Bolsonaro

Expressão de preferências eleitorais

Ataques ao método de sufrágio (eletrônico)

Assédio institucional permanente às instituições democráticas e ao sistema eleitoral

Questionamento da confiabilidade das urnas eletrônicas
Proposta de Emenda à Constituição (PEC) substituindo
o voto eletrônico pelo impresso

Coação e corrupção eleitoral

Uso de mecanismos econômicos para desvirtuar o voto

Antecipação do pagamento do Auxílio Brasil para antes do segundo
turno eleitoral
Intimidação de eleitores e tentativas de compras de voto por parte
de aliados políticos

Consequências da escolha eleitoral

Não reconhecimento da lisura e dos resultados do processo eleitoral

Assédio institucional permanente às instituições democráticas e ao sistema eleitoral

Ameaças de não ocorrência das eleições caso urnas eletrônicas não fossem substituídas por votos impressos

Desconfiança dos resultados eleitorais, suposições de fraudes e exigências de contagem de votos por parte das Forças Armadas

O 8 de janeiro de 2023 e os crimes contra a democracia

Terminadas as eleições de 2022 com o anúncio da vitória do candidato Luiz Inácio Lula da Silva, o país viveu a irrupção, por semanas a fio, de protestos e bloqueios em estradas e, em seguida, numerosos acampamentos na frente de quartéis, território de jurisdição militar.

Esses movimentos violentos foram tratados por autoridades militares, policiais e outras altas autoridades do governo Bolsonaro, ainda em exercício, como atos legítimos da liberdade de manifestação e expressão. O não reconhecimento explícito da derrota eleitoral pelo candidato derrotado, que, durante as primeiras semanas pós-pleito, misturou silêncio e rápidas aparições públicas, nas quais dava sinais retóricos de defesa da pátria e da liberdade, contribuiu para um ambiente de permanente tensão no país.

Essa tensão resultou, no dia 12 de dezembro — quando o Tribunal Superior Eleitoral realizou a diplomação do candidato eleito, o último passo do certame eleitoral —, na explosão de violência pelas ruas de Brasília. Nesse episódio, eleitores bolsonaristas incendiaram carros e ônibus e tentaram invadir o prédio da Polícia Federal. Chamou atenção a leniência da polícia diante da violência explícita e a falta de prisões em flagrante pelos crimes cometidos.

O episódio de 12 de dezembro acabou sendo um ensaio para o atentado de 8 de janeiro de 2023, o maior ataque à democracia que o país experimentou na sua história. Milhares de manifestantes, vindos de diversos lugares do país, invadiram e danificaram, de modo incomensurável, os principais edifícios que abrigam as instituições dos três Poderes: o Congresso Nacional, o Palácio do Planalto e o prédio do Supremo Tribunal Federal. A Polícia Militar do Distrito Federal, responsável pela segurança da praça dos Três Poderes, não agiu para conter os agentes da violência.

Iniciou-se, no dia seguinte, a maior e mais complexa missão de investigação de responsabilidades pelo atentado: os milhares de executores do ato, muitos dos quais foram presos em flagrante na mesma noite; membros das Forças Armadas, que abrigaram e incitaram manifestantes; empresários financiadores da ação; policiais que deixaram de exercer seu dever; políticos bolsonaristas, que se engajaram no apoio aos atos; autoridades do Distrito Federal, incluindo governador e secretário de Segurança; e, finalmente, Jair Bolsonaro, que testemunhou tudo do exterior.

Entre os crimes de "tentativa de abolição do Estado de Direito" e de "golpe de Estado", além dos crimes mais convencionais do Código Penal, como omissão, prevaricação e crime de dano, foram abertas múltiplas frentes de investigação no Supremo Tribunal Federal (inquérito n. 4.921).

Decifrar a cadeia de comando, a preparação e a execução desse ataque deliberado à democracia, e responsabilizar culpados, independentemente da altura de seu cargo e do poder de influência que ainda possua, será um desafio inédito para o sistema de justiça. Não fazer nada disso e deixar as autoridades envolvidas saírem juridicamente ilesas é também um convite para que atentados semelhantes contra a democracia voltem a acontecer.

A continuidade e o aprofundamento da democracia brasileira, mais uma vez, dependem de que o passado não se apague. Dependem de que agentes que tentaram implantar, com base na força e na violência, um regime autoritário, prestem contas e sofram as consequências jurídicas elementares. O país precisa de justiça, de verdade histórica e de reparação pelos danos cometidos.

PARTE IV

Reeleição do autocrata como marco da autocratização

Diversos países passam atualmente por processos de autocratização. Ações e omissões estatais resultam, nesses momentos, em graves violações de liberdades civis e políticas e no desrespeito ao Estado de Direito. Está em jogo a transição do próprio regime político democrático. O mundo experimenta uma terceira onda de autocratização. No atual contexto de escalada autoritária, o Brasil tem sido apontado por organizações internacionais como um dos seus principais expoentes. Esse processo se relaciona com as crises políticas e de legitimidade democrática que o país tem enfrentado nos últimos anos, e se intensificou com a eleição de Jair Bolsonaro para a presidência. Além do Brasil, outros países têm sido apontados como os principais exemplos de autocratização na atualidade. Esse foi o caso de Narendra Modi na Índia, Viktor Orbán na Hungria, Recep Erdoğan na Turquia e Andrzej Duda na Polônia. Nesses países, a reeleição coincidiu com um agravamento da escalada autoritária: segundo escala analisada (V-Dem), que classifica regimes em quatro graus — democracia liberal, democracia eleitoral, autocracia eleitoral e autocracia fechada —, houve na Polônia declínio de democracia liberal para democracia eleitoral durante o segundo mandato de Duda. Na Turquia, na Hungria e na Índia, houve declínio de democracia eleitoral para autocracia eleitoral durante o terceiro mandato de Erdoğan, o terceiro mandato de Orbán e o segundo mandato de Modi, respectivamente.

A reeleição, portanto, tem servido como marco fundamental no aprofundamento de processos de autocratização. O evento da reeleição confere legitimidade ao que se fez no primeiro mandato e uma autorização majoritária para a continuidade do projeto. E a espiral de autocratização se acelera. No mesmo passo, a falta de responsabilização dos líderes autocratas representa déficit democrático em que práticas autoritárias podem coexistir com traços democráticos. Em última instância, a falta de responsabilização dos líderes pode possibilitar sua retomada ao poder em momentos políticos posteriores.

Turquia, Polônia, Índia e Hungria são exemplos centrais da mais recente onda de erosão democrática. Análises do fenômeno indicam que autocratas eleitos democraticamente fazem mudanças internas aos sistemas político e de justiça para subverter o funcionamento das instituições, fortalecer o Poder Executivo, reduzir os mecanismos de freios e contrapesos e cooptar as demais instituições, poderes e agências do Estado.

Especialmente após a eleição de Jair Bolsonaro para a presidência, organizações internacionais vêm alertando para o processo de autocratização no Brasil, refletido em quedas na avaliação do país sobre a qualidade do regime democrático (V-Dem), do respeito às liberdades civis e políticas (Freedom House) e do comprometimento com o Estado de Direito (World Justice Project).

Fora a piora dos índices internacionais metrificados, a experiência autoritária desde a eleição de Jair Bolsonaro é evidente pela observação mais detalhada dos eventos no país entre 2019 e 2021. Um mapeamento do LAUT registrou 1.692 atos autoritários, tanto em nível estadual como federal, que se expressaram na construção de inimigos, na redução de instâncias de controle e/ou centralização, no ataque ao pluralismo e a minorias e na legitimação da violência e do vigilantismo.

Ao jogar luz em padrões que têm ocorrido em outros países, este livro apresenta um panorama comparado para chamar a atenção para processos que afetaram a realidade política do Brasil. As similaridades com outros processos em curso no mundo, além de especificidades locais, alertam para cenários dramáticos para a estrutura institucional de proteção de direitos, para a consistência da competição democrática e para a sobrevivência de pressupostos mínimos do Estado de Direito.

As estratégias de autocratas na Turquia, Polônia, Índia e Hungria, mais longevas, já permitem perceber como seus efeitos antidemocráticos se acumulam e se fortalecem no tempo. Possibilitam olhar com algum distanciamento histórico e tornam mais visível o encadeamento de táticas preparatórias da autocratização.

Há em todas as áreas analisadas (espaço cívico, educação e segurança) eventos no Brasil que ilustram estratégias e táticas semelhantes às dos autocratas das outras nacionalidades.

Para antever os cenários brasileiros, é necessário considerar, primeiro, o duplo padrão de ação dos autocratas nos países analisados. De forma complementar ao uso do aparato estatal para bloqueio e repressão (por exemplo, combate à "doutrinação" na educação básica, ataques à liberdade individual de acadêmicos no ensino superior, entraves financeiros e criminalização no espaço cívico, maior criminalização e aumento de penas na segurança pública), ocorrem também o incentivo e a promoção de agendas (por exemplo, exaltação nacionalista e revisionismo histórico-científico na educação, favorecimento de alguns atores e pautas no espaço cívico, propagandas de pânico moral na segurança pública).

Algumas linhas táticas aparecem como um padrão em todas as áreas analisadas. São elas: as restrições a direitos por via regulatória, o uso de ferramentas de vigilância, a retórica de construção de inimigos e a ampliação do âmbito de criminalização de condutas.

Todas as táticas empregadas lançam mão de ferramentas formais (por exemplo, mudança legislativa, poder de polícia, controle orçamentário) e informais (discurso nacionalista, incitação do medo e da violência, deslegitimação e vilanização).

Notas

INTRODUÇÃO

1 A definição de "autocratização" aqui apresentada é conceitualizada pelo Instituto V-Dem em seus relatórios anuais de pesquisa Democracy Reports.

2 O tema é abordado no artigo "O Brasil e a recessão democrática" (*Piauí*, n. 139, abr. 2018), de Celso Rocha de Barros, publicado em 2018, que recupera o período de auge da operação Lava Jato e o impeachment da ex-presidente Dilma Rousseff para analisar a crise da democracia no país.

3 Ao longo deste livro, usamos as expressões "autocratas" e "governos autoritários" não como forma de definir um regime político, mas como estilos de liderança e governo que expressam traços autoritários com diferentes graus de intensidade.

PARTE I

1 V-Dem, 2018, p. 6.

2 V-Dem, 2020, p. 6.

3 V-Dem, 2022, p. 45.

4 LÜHRMANN, A.; LINDBERG, S.I.; TANNENBERG, M. Regimes in the World (RiW): A Robust Regime Type Measure Based on V-Dem. *V-Dem Institute Working Paper*, n. 47, 2017, pp. 1, 7.

5 Article 19, 2019-2020, p. X.

6 Article 19, 2021, p. 24.

7 World Justice Project, 2020, pp. 16-17.

8 World Justice Project, 2021, pp. 22-23.

1 AS ONDAS DE DEMOCRATIZAÇÃO E AUTOCRATIZAÇÃO

1   LÜHRMANN, A.; LINDBERG, S.I. A Third Wave of Autocratization is Here: What is New About It? *Democratization*, v. 26, n. 7, pp. 1095--1113, 2019.
2   HUNTINGTON, S.P. Democracy's Third Wave. *Journal of Democracy*, v. 2, n. 2, pp. 12-34, 1991.
3   RUNCIMAN, D. *Como a democracia chega ao fim.* Tradução de Sergio Flaksman. São Paulo: Todavia, 2018.
4   LEVITSKY, S.; ZIBLATT, D. *Como as democracias morrem.* Tradução de Renato Aguiar. Rio de Janeiro: Zahar, 2018.
5   HUNTINGTON, S.P., *op. cit.* LÜHRMANN, A; LINDBERG, S.I., *op. cit.* BOESE, V.; LINDBERG, S.I.; LÜHRMANN, A. Waves of Autocratization and Democratization: a Rejoinder. *Democratization*, v. 28, n. 6, pp. 1202-1210, 2021.
6   BERMEO, N. On Democratic Backsliding. *Journal of Democracy*, v. 27, n. 1, pp. 5-19, 2016.
7   COPPEDGE, M. Eroding Regimes: What, Where, and When? *V-Dem Institute Working Paper*, n. 57, 2017.
8   BERMEO, N., *op. cit.*
9   LANDAU, D. Abusive Constitutionalism. *U.C. Davis Law Review*, v. 47, pp. 189-260, 2013. MÜLLER, J.W. Rising to the Challenge of Constitutional Capture. *Eurozine*, 2014. VAROL, O. Stealth Authoritarianism. *Iowa Law Review*, v. 100, n. 4, pp. 1673-1742, 2015. SCHEPPELE, K.L. Autocratic Legalism. *The University of Chicago Law Review*, v. 85, n. 545, pp. 545-583, 2018. HUNTINGTON, S.P., *op. cit.* LÜHRMANN, A.; LINDBERG, S.I., *op. cit.* BOESE, V.; LINDBERG, S.I.; LÜHRMANN, A., *op. cit.*

2 UMA NOVA DEFINIÇÃO DE DEMOCRACIA?

1   DAHL, R.A. *On Democracy.* New Haven: Yale University Press, 1998.
2   Ver: DIAMOND, L. Elections Without Democracy: Thinking About Hybrid Regimes. *Journal of Democracy*, v. 13, n. 2, pp. 21-35, 2002. WIGELL, M. Mapping 'Hybrid Regimes': Regime Types and Concepts in Comparative Politics. *Democratization*, v. 15, n. 2, pp. 230-50, 2008. LEVITSKY, S.; WAY, L.A. *Competitive Authoritarianism: Hybrid*

NOTAS **159**

Regimes After the Cold War. Cambridge: Cambridge University Press, 2010. HONG, M.Y.H. Democracy, Hybrid Regimes, and Inequality: The Divergent Effects of Contestation and Inclusiveness. *World Development*, v. 146, 2021.

3 REELEIÇÕES EM CONTEXTOS DE AUTOCRATIZAÇÃO

1 LEVITSKY, S.; WAY, L.A., *op. cit.*
2 Sobre esse ponto, ver: CAREY, J.M. The Reelection Debate in Latin America. *Latin American Politics and Society*, v. 45, n. 1, pp. 119-133, 2003. GINSBURG, T.; MELTON, J.; ELKINS, Z. On the Evasion of Executive Term Limits. *William & Mary Law Review*, v. 52, n. 6, pp. 1807-1872, 2011. BARTURO, A. *Continuismo* in Comparison: Avoidance, Extension, and Removal of Presidential Term Limits. *In*: BATURO, A.; ELGIE, R. (org.). *The Politics of Presidential Term Limits.* Oxford: Oxford University Press, 2019. pp. 75-100.
3 ZOVATTO, D. Latin America: Re-election and Democracy. *Open Democracy*, 2014.
4 ZOVATTO, D. Reelection, Continuity and Hyper-Presidentialism in Latin America. *Institute for Democracy and Electoral Assistance*, 2014.
5 KOUBA, K.; PUMR, J. The Democratic Cost of Consecutive Re-election and Presidential Term Limit Evasion in Latin America. *Government and Opposition*, pp. 1-31, 2021.
6 PINHEIRO, P.S. Autoritarismo e transição. *Revista USP*, n. 9, pp. 45-56, 1991.

4 AUTOCRACIAS CONTEMPORÂNEAS: OS CASOS INTERNACIONAIS

1 O Democracy Facing Global Challenges indica que, em 2018, o país estava prestes a transicionar para uma autocracia, mas apenas no ano seguinte o fez.
2 O diagnóstico de transição da Índia de democracia eleitoral para autocracia eleitoral só foi concluído em 2020; por isso, analistas dizem que foi em 2020 que o país transicionou.

3 SCHEPPELE, K.L. Understanding Hungary's Constitutional Revolution. *In*: BOGDANDY, A.; SONNEVEND, P. (org.). *Constitutional Crisis in the European Constitutional Area*. Oxford: Bloomsbury, 2015. pp. 111-124.
4 *Ibid.*
5 V-Dem, 2017, p. 27.
6 Freedom House, 2018.
7 V-Dem, 2017, p. 31.
8 V-Dem, 2018, pp. 32-33.
9 O crime de sedição é configurado quando de insubordinação ou revolta contra autoridades públicas, ou pela perturbação da ordem pública.
10 V-Dem, 2021, p. 19.
11 V-Dem, 2021, p. 19.

5 AUTOCRACIAS CONTEMPORÂNEAS: O CASO BRASILEIRO

1 V-Dem, 2020. Em 2016 e 2017 o país também foi apontado como um dos cinco maiores *backsliders*, junto com a Polônia e a Turquia.
2 World Justice Project, 2020, p. 6; e 2021, p. 6.
3 Uma exceção a esse cenário de piora é o apoio popular à democracia. Segundo o Latinobarómetro, em 2020 ela aumentou – em comparação com 2018.

6 DIAGNÓSTICO DA EROSÃO: COMO COMPREENDER O AUTORITARISMO BOLSONARISTA?

1 MENDES, C.H. O entulho autoritário era estoque. *Quatro Cinco Um*, 1 mar. 2020. A noção de estoque autoritário pode ser compreendida como "atos que empregam ferramentas da constante reinvenção autoritária. Manifestações autoritárias que convivem com o regime democrático e afetam a democracia como sistema de escolha de representantes legítimos, como dinâmica institucional que protege direitos e garante o pluralismo". LAUT, Agenda de Emergência, 2020.
2 Veja uma versão detalhada do desenvolvimento e da aplicação da nossa metodologia em: <agendadeemergencia.laut.org.br/metodologia>.

NOTAS

3 De acordo com levantamento paralelo da mesma data (Poder 360), militares da reserva ocupariam 8.450 cargos nos três poderes e, segundo dados do mês anterior, 2.930 militares da ativa ocupariam os três poderes. Essa soma totaliza 11.380 cargos e é composta, em sua maioria, por integrantes dos comandos das três Forças Armadas.

PARTE II

1 EDUCAÇÃO

1 VASCONCELOS, T. A importância da educação na construção da cidadania. *Revista Saber (e) Educar*, v. 12, pp. 109-117, 2007.

2 BENEVIDES, M. V. Educação para a democracia. *Lua Nova: Revista de Cultura e Política*, v. 38, 1996.

3 LAUT. A Constituição contra a ameaça autoritária. Rafael Mafei Rabelo Queiroz, Thomas Bustamante e Margaret Martin, *Quatro Cinco Um*, 29 maio 2020.

4 LAURSEN, P. Ideological Power in Education. *European Educational Research Journal*, v. 5, n. 3-4, 2006, pp. 276-284.

5 STOLZENBERG, N. "He Drew a Circle That Shut Me Out": Assimilation, Indoctrination, and the Paradox of a Liberal Education. *Harvard Law Review*, v. 106, n. 3, pp. 581-667, 1993.

6 HOCUTT, M. Indoctrination v. Education. *Academic Questions*, v. 18, n. 3, pp. 35-43, 2005.

7 ALMEIDA, R. Bolsonaro presidente: conservadorismo, evangelismo e a crise brasileira. *Novos Estudos, Cebrap*, v. 38, pp. 185-213, 2019.

8 MUDDE, C.; KALTWASSER, C. Exclusionary vs. Inclusionary Populism: Comparing Contemporary Europe and Latin America. *Government and Opposition*, v. 48, n. 2, pp. 147-174, 2013.

9 *Escola sem Partido*. Disponível em: <http://escolasempartido.org/quem-somos/>. Acesso em: 22 jan. 2023. ROZA, L. Against Indoctrination: The Movement Escola Sem Partido in Educational Media of Present-Day Brazil. *In*: KOHL, C. *et al.* (org.). *The Politics of Authenticity and Populist Discourses*: Media and Education in Brazil, India and Ukraine. New York: Palgrave Macmillan, 2021. pp. 175-196.

10 SUSZCZEWSKI, M. R. Children as an Object of the Right-Wing Populist Politics and Discourse in Poland. *Studia Europejskie*: Studies in European Affairs, v. 25, n. 2, pp. 67-91, 2021.

11 KOROLCZUK, E. "The War on Gender" From a Transnational Perspective: Lessons for Feminist Strategising. *In*: HEINRICH BÖLL FOUNDATION (org.). *Anti-Gender Movements on the Rise?* Strategising for Gender Equality in Central and Eastern Europe. Cologne: Heinrich Böll Foundation, 2015. v. 38, pp. 43-53.

12 KOVÁTS, E. Questioning Consensuses: Right-Wing Populism, Anti-Populism, and the Threat of 'Gender Ideology'. *Sociological Research Online*, v. 23, n. 2, pp. 1-12, 2018.

13 ALVES, M.; SEGATTO, C.; PINEDA, A. Changes in Brazilian Education Policy and the Rise of Right-Wing Populism. *British Educational Research Journal*, v. 47, n. 2, pp. 332-354, 2021.

14 São exemplos dessas ações no STF: ADPFS nº 457, 460, 461, 465, 467 e 526.

15 SUSZCZEWSKI, M. R. Children as an Object of the Right-Wing Populist Politics and Discourse in Poland. *Studia Europejskie*: Studies in European Affairs, v. 25, n. 2, pp. 67-91, 2021.

16 WESTHEIMER, J. Civic Education and the Rise of Populist Nationalism. *Peabody Journal of Education*, v. 94, n. 1, pp. 4-16, 2019. RIZVI, F. Nationalism, Populism and Education in a Globalizing India. *In*: *World Yearbook of Education 2022*. Abingdon: Routledge, 2021. LEUNG, Y. "Nationalistic Education and Indoctrination". *Citizenship, Social and Economics Education*, pp. 116-130, 2004.

17 MADÁCSI-LAUBE, K. A New Era of Greatness: Hungary's New Core Curriculum. *Cultures of History Forum*, 2020.

18 CHOTINER, I. Why Conservatives Around the World Have Embraced Hungary's Viktor Orbán. *The New Yorker*, 10 ago. 2021.

19 ERÇETIN, T.; ERDOĞAN, E. How Turkey's Repetitive Elections Affected the Populist Tone in the Discourses of the Justice and Development Party Leaders. *Philosophy and Social Criticism*, pp. 1-17, 2018. DETTMER, J. Turkey's Erdoğan Ramps Up Nationalist Rhetoric. *Voa News*, 31 maio 2018. TURES, J. A. Turkey's War on Christianity is no Holy War: It's a Power Grab by a Brutal Dictator. *Observer*, 26 jul. 2017.

20 DEMATA, M. "A Great and Beautiful Wall": Donald Trump's Populist Discourse on Immigration. *Journal of Language Aggressi on and Conflict*, v. 5, n. 2, pp. 274-294, 2017.

NOTAS

21 HEINISCH, R. Success in Opposition: Failure in Government: Explaining the Performance of Right-Wing Populist Parties in Public Office. *West European Politics*, 2003, p. 103.

22 APPLE, M. Curriculum as Ideological Selection. *Comparative Education Review*, v. 20, n. 2, pp. 209-215, 1976.

23 BRYDEN, J.; MITTENZWEI, K. Academic Freedom, Democracy and the Public Policy Process. *Sociologia Ruralis*: Journal of the European Society for Rural Sociology, v. 53, n. 3, pp. 311-330, 2013.

24 KARRAN, T. Academic Freedom: In Justification of a Universal Ideal. *Studies in Higher Education*, Volume 34, Issue 3, 2009, pp. 263-283.

25 FISH, S. *Versions of Academic Freedom*: From Professionalism to Revolution. Chicago: University of Chicago Press, 2021. KAYE, D. Special Rapporteur on the Promotion and Protection of the Right to Freedom of Opinion and Expression. Paris: United Nations, 2020, pp. 5-6. POST, R.C. *Democracy, Expertise, and Academic Freedom*: A First Amendment Jurisprudence for the Modern State. London: Yale University Press, 2012. UITZ, R. Academic Freedom as Human Right? Facing Up to the Illiberal Challenge. 2021, pp. 1-5.

26 *Ibid.*

27 Principios Interamericanos sobre Libertad Académica y Autonomía Universitaria, 2021, pp. 8-9, Princípios I e II.

28 Ver relatório do LAUT *Como a liberdade acadêmica é regulada no Brasil*. Pensar sem Medo, relatório 3. Disponível em: <laut.org.br>.

29 RANIERI, N.B.S. *Aspectos jurídicos da autonomia universitária no Brasil*. São Paulo: Associação Nacional de Pós-Graduação e Pesquisa em Educação, 2009.

30 SALES, F.R. Nomeações de reitores em universidades federais e autonomia universitária. *Nexo Políticas Públicas*, 9 mar. 2021.

31 Na ordem jurídica brasileira, medidas provisórias são atos normativos de competência do presidente da República que têm força de lei a partir do momento em que são editadas. No entanto, após sessenta dias de sua edição, a medida é apreciada pelo Congresso Nacional, que pode aprová-la ou rejeitá-la. Se aprovada, a medida provisória é convertida em lei. Se rejeitada, a medida deixa de produzir efeitos na ordem jurídica.

32 O acúmulo de nomeações feitas por Bolsonaro que não seguiram os primeiros colocados das listas tríplices resultou na apresentação de ações judiciais perante o Supremo Tribunal Federal (ADI e ADPF 759). Em uma

das ações, a Ordem dos Advogados do Brasil (OAB) solicitou que o presidente ativesse suas nomeações aos primeiros colocados das listas, de modo a respeitar a vontade das comunidades acadêmicas e evitar que nomeações políticas acontecessem. O STF, por maioria, entendeu ser competência do presidente da República poder escolher qualquer um dos três nomes que figuram nas listas tríplices universitárias. Sobre o episódio, ver: RICHTER, A. STF rejeita liminar sobre lista tríplice de universidades federais. *Agência Brasil*, 5 fev. 2021.

33 ARAT, Z.F.K. Contextualizing Erdoğan's Attacks on Boğaziçi University. *Georgetown Journal of International Affairs*, 7 out. 2021.

34 *Ibid.*

35 *Ibid.*

36 REDDEN, E. "Enough Is Enough". *Insider Higher Education*, 26 out. 2018.

37 DURHAM, E.R. *A autonomia universitária*: extensão e limites. Documento de Trabalho Nupes, n. 3, pp. 1-51, 2005.

38 Free to Think, *Scholars at Risk*, 2021, p. 69.

39 VENTURINI, A.C. Autonomia universitária e liberdade acadêmica. *Nexo Políticas Públicas*, 24 set. 2020.

40 Free to Think, *Scholars at Risk*, 2020, p. 108.

41 KOMUVES, A.; DUNAI, M. Orban Extends Dominance Through Hungarian University Reform. *Reuters*, 26 abr. 2021.

42 Free to Think, Scholars at Risk, 2021, pp. 67-68.

43 European Court of Human Rights. Case of Mustafa Erdoğan and Others v. Turkey. 27 maio 2014.

44 REICHMAN, H. Academic Freedom Threatened in Poland. *Academe Blog*, 19 fev. 2016.

2 ESPAÇO CÍVICO

1 Instituto Igarapé. *A Ágora sob ataque*. Rio de Janeiro: Instituto Igarapé, 2020.

2 Monitor Watchlist Highlights, CIVICUS, 2022.

3 INSTITUTO IGARAPÉ, *op. cit.*

4 ROGGEBAND, C.; KRIZSÁN, A. The Selective Closure of Civic Space. *Global Policy*, v. 12, n. 5, pp. 23-25, 2021.

NOTAS

5 NOVAKOVA, N. The Conservative-Liberal Clash Reshaping Poland's Civil Society. *GMF*, 2020.

6 SADURSKI, W. *Poland's Constitutional Breakdown*. Oxford: Oxford University Press, 2019.

7 CIOBANU, C. Ordo Iuris: The Ultra-Conservative Organisation Transforming Poland-Balkan Insight. *Reporting Democracy*, 2021.

8 PLOSZKA, A. Shrinking Space for Civil Society: A Case Study of Poland. *European Public Law*, v. 26, n. 4, pp. 941-960, 2020, p. 951.

9 NOVAKOVA, N. The Conservative-Liberal Clash Reshaping Poland's Civil Society. *GMF*, 2020.

10 CASTRO, H.; BEZERRA, C. P.; CASSIMIRO, P. H., *op. cit.*

11 *Ibid.*

12 ROGGEBAND, C.; KRIZSÁN, A., *op. cit.*, p. 26.

13 PLOSZKA, A., *op. cit.*, p. 952.

14 ROGGEBAND, C.; KRIZSÁN, A., *op. cit.*, p. 29.

15 *Ibid.*, p. 28.

16 UITZ, R. The Return of the Sovereign: A Look at the Rule of Law in Hungary and in Europe. *Verfblog*, 5 abr. 2017.

17 Country Brief: Hungary. CIVICUS, 2022.

18 Dados de abril de 2022 de: "Orbán Government Secures Landslide Victory Spelling Further Concerns For Civic Freedoms", CIVICUS, 2022.

19 Para saber mais, ver: "Duda Narrowly Wins Election: Public TV Serve as a Mouthpiece, Independent Media Come Under Attack". CIVICUS, 2020.

20 INOTAI, E. *et al.* Democracy Digests: New Laws on NGOs Raise Concerns in Hungary and Poland. *Reporting Democracy*, 2021.

21 HONG, M. Constitutional Resilience: How Can a Democratic Constitution Survive an Autocratic Majority?: Freedom of Speech, Media and Civil Society in Hungary and Poland. *VerfBlog*, 9 dez. 2018.

22 PLOSZKA, A., *op. cit.*, p. 950.

23 *Ibid.*

24 Para saber mais, ver: "India's Foreign Contribution (Regulation) Act, International Center for Profit Law (ICNL)".

25 Para saber mais, ver: "India's 2020 FCRA Amendments Impact on Association – ICNL".

26 BAYDAS, L. Civic Space in India: Between the National Security Hammer and the Counterterrorism Anvil. *In*: BAYDAS, L.; GREEN, S. *Counterterrorism*

Measures and Civil Society: Changing the Will, Finding the Way. Washington, DC: CSIS, 2018, pp. 61-72.

27 MOHAN, R. Narendra Modi's Crackdown on Civil Society in India. *The New York Times*, 9 jan. 2017.

28 TIWARY, D. Explained: How FCRA Works, and Why the Government Has Been Accused of Targeting NGOs. *Indian Express*, 27 jan. 2022.

29 CASTRO, H.; BEZERRA, C. P.; CASSIMIRO, P. H. *Espaço cívico sob Bolsonaro*: fechamento e resiliência constitucional. Rio de Janeiro: Editora FGV. No prelo.

30 UITZ, R. The Return of the Sovereign: A Look at the Rule of Law in Hungary and in Europe. *VerfBlog*, 5 abr. 2017.

31 CSAK, G. Orban's Victory Speech Gives Clues to His Future Strategy. *Reporting Democracy*, 4 abr. 2022.

32 Country Brief: Hungary. CIVICUS, 2022.

33 BAYER, L. It's Dirty Tricks Déjà Vu as Hungarian Election Heats Up. *Politico*, 4 fev. 2022.

34 CIVICUS. Fidesz Landslide Heightens Concerns for Civil Society and Independent Media. 29 maio 2018.

35 WALKER, S. Orbán: Election Victory Gives us Mandate to Pass 'Stop Soros' Laws. *The Guardian*, 10 abr. 2018.

36 BAYER, L. Israeli Intelligence Firm Targeted NGOs During Hungary's Election Campaign. *Politico*, 6 jul. 2018.

37 CIVICUS. CSOs in Hungary Win Lawsuits Against Smear Campaigns. 1 jul. 2019.

38 Para saber mais, ver: "INDIA: 'CSOs that dare speak truth to power are attacked with politically motivated charges'", *Civicus*, 23 fev. 2021. Disponível em: <https://www.civicus.org/index.php/media-resources/news/interviews/4906-india-civil-society-organisations-that-dare-speak-truth-to-power-are-attacked-with-politically-motivated-charges>.

39 Para saber mais, ver: "Ongoing Violations on Civic Freedoms at Poland/Belarus Border". CIVICUS.

40 Para saber mais, ver: "Government Cements Further Power Over Media; Effects of Anti-LGBTQI Law Seen". CIVICUS.

41 CIVICUS, 2018.

42 CIVICUS, 2018.

43 CIVICUS, 2019.

44 PLOSZKA, A., *op. cit.*, p. 946.

45 VOULE, C. *et al.* Communication of the Special Rapporteur on the Rights to Freedom of Peaceful Assembly and of Association in India Concerning the Unlawful Activities (Prevention) Amendment Act 2019. OHCHR, 6 maio 2020.

46 GANGULY, S. An Illiberal India? *Journal of Democracy*, v. 31, n. 1, pp. 193-202, 2020.

47 AMNESTY INTERNATIONAL. Inde, le gouvernement doit cesser de se servir de lois draconiennes pour étouffer les voix dissidentes. 22 abr. 2020.

48 Para saber mais, ver: CIOBANU, C. Pro-Abortion Activist Faces Prison in Poland. *Balkan Insight.* 8 abr. 2022.

49 *Ibid.*

50 Para saber mais, ver: "India: Chronology of Harassment Against Human Rights Defender Sudha Bharadwaj".

51 Para saber mais, ver: "Orban Continues to Target CSOS and Opponents Ahead of April 8th Elections". CIVICUS.

52 Para saber mais, ver: "Hungary Continues its Regressive Course Restricting Civic Space". CIVICUS. 14 maio 2019.

53 Para saber mais, ver: "Government Cements Further Power Over Media; Effects of Anti-LGBTQI Law Seen". CIVICUS, 6 dez. 2021.

54 Para saber mais, ver: "Hungary Joint Submission to the UN Universal Periodic Review 39th Session of the UPR Working Group". 25 mar. 2021.

55 Para saber mais, ver: "Orbán Government Secures Landslide Victory Spelling Further Concerns for Civic Freedoms". CIVICUS, 7 abr. 2022.

56 Para saber mais, ver: "Chacinas e a politização das mortes no Brasil". Fundação Perseu Abramo, 2019.

3 SEGURANÇA PÚBLICA

1 GURIEV, S.; TREISMAN, D. Informational Autocrats. *The Journal of Economic Perspectives*, v. 33, n. 4, pp. 100-127, 2019.

2 *Ibid.*, p. 107.

3 RAMOS, C.G. The Return of Strongman Rule in the Philippines: Neoliberal Roots and Developmental Implications. *Geoforum*, v. 124, pp. 310-319, 2021.

4 SANTOS, F.L.B. O nacionalismo hindu de Modi: autoritarismo e neoliberalismo na Índia. *Revista Katálysis*, v. 24, n. 1, pp. 53-65, 2021.

5 STUBBS, P.; LENDVAI-BAINTON, N. Authoritarian Neoliberalism, Radical Conservatism and Social Policy Within the European Union: Croatia, Hungary and Poland. *Development and Change*, pp. 540-560, 2020.

6 WACQUANT, L. A tempestade global da lei e ordem: sobre punição e neoliberalismo. *Revista de Sociologia e Política*, v. 20, n. 41, pp. 7-20, 2012.

7 BROWN, W. *Nas ruínas do neoliberalismo*: a ascensão da política anti-democrática no Ocidente. São Paulo: Politeia, 2019. CHAMAYOU, G. *A sociedade ingovernável*: uma genealogia do liberalismo autoritário. São Paulo: Ubu, 2020.

8 FELDSTEIN, S. The Global Expansion of AI Surveillance. *Carnegie Endowment for International Peace*, set. 2019.

9 PI's Guide to International Law and Surveillance. Privacy International, 2021. Disponível em: <privacyinternational.org>.

10 NAGY, V. How to Silence the Lambs? Constructing Authoritarian Governance in Post-Transitional Hungary. *Surveillance & Society*, v. 15, n. 3-4, pp. 447-455, 2017, p. 451.

11 YESIL, B.; SOZERI, E. K. Online Surveillance in Turkey: Legislation, Technology and Citizen Involvement. *Surveillance & Society*, v. 15, n. 3-4, pp. 543-549, 2017, p. 546.

12 *Ibid.*

13 FELDSTEIN, S., *op. cit.*, p. 26.

14 ARUN, P. Uncertainty and Insecurity in Privacyless India: A Despotic Push Towards Digitalisation. *Surveillance & Society*, v. 15, n. 3-4, pp. 456-464, 2017, p. 459.

15 *Ibid.*, p. 462.

16 SCHEPPELE, K. L. Escaping Orbán's Constitutional Prison: How European Law Can Free a New Hungarian Parliament. *VerfBlog*, dez. 2021.

17 SCHEPPELE, K. L. Making Infringement Procedures More Effective: A Comment on Commission v. Hungary. *VerfBlog*, 30 abr. 2014.

18 KLAUS, W. Security First: The New Right-Wing Government in Poland and its Policy Towards Immigrants and Refugees. *Surveillance & Society*, v. 15, n. 3-4, pp. 523-528, 2017.

19 Diagnóstico da aplicação atual da Lei de Segurança Nacional, LAUT, 2021. Disponível em: <laut.org.br>.

20 RAMOS, C. G., *op. cit.*, p. 56.

21 *Ibid.*, p. 8.

22 NAGY, V. *op. cit.*

NOTAS

23 Corte Europeia de Direitos Humanos, Case of Szabó and Vissy v. Hungary.

24 *Ibid.*

25 *Ibid.*

26 NAGY, V., *op. cit.*, p. 353.

27 *Ibid.*, p. 525.

28 *Ibid.*

29 TOPAK, Ö.E. The Authoritarian Surveillant Assemblage: Authoritarian State Surveillance in Turkey. *Security Dialogue*, v. 50, n. 5, pp. 454-472, 2019.

30 *Ibid.*, pp. 459-467.

31 *Ibid.*, p. 461.

32 *Ibid.*

33 YESIL, B.; SOZERI, E.K. Online Surveillance in Turkey: Legislation, Technology and Citizen Involvement. *Surveillance & Society*, v. 15, n. 3-4, pp. 543-549, 2017.

34 GARLAND, D. What's Wrong With Penal Populism? Politics, the Public, and Criminological Expertise. *Asian Journal of Criminology*, v. 16, n. 3, pp. 257-277, 2021.

35 *Ibid.*

36 *Ibid.*, p. 260.

37 COHEN, S. *Folk Devils and Moral Panic.* New York: Routledge, 1972.

38 GYOLLAI, D. Bridging Copenhagen and Paris: How Hungarian Police Accept Anti-Immigrant Discourse. *European Security*, pp. 1-20, 2021.

39 *Ibid.*

40 *Ibid.*, p. 7.

41 GRZEBALSKA, W.; PETÓ, A. The Gendered Modus Operandi of the Illiberal Transformation in Hungary and Poland. *Women's Studies International Forum*, v. 68, pp. 164-172, 2018.

42 *Ibid.*, p. 165.

43 *Ibid*, p. 166.

44 MUTIARIN, D.; TOMARO, Q.P.V.; ALMAREZ, D.N. The War on Drugs of Philippines and Indonesia: A Literature Review. *Journal of Public Administration and Governance*, v. 9, n. 1, 2019, p. 45.

45 *Ibid.*, p. 51.

46 CAMPOS, M.S., & ALVAREZ, M.C. Pela metade: implicações do dispositivo médico-criminal da "Nova" Lei de Drogas na cidade de São Paulo. *Tempo Social*, 29(2), pp. 45-73.

47 BEAUCHAMP, Z. It Happened There: How Democracy Died in Hungary. *Vox*, 13 set. 2018.

48 *Ibid.*

49 GYOLLAI, D., *op. cit.*

50 *Ibid.*, p. 8.

51 Human Rights Watch, "Shoot the Traitors": Discrimination Against Muslims Under India's New Citizenship Policy, 2020.

52 MUTIARIN, D.; TOMARO, Q. P. V.; ALMAREZ, D. N., *op. cit.* pp. 49-50.

53 Human Rights Watch, *op. cit.*

54 *Ibid.*

55 GYOLLAI, D., *op. cit.*, p. 6.

56 GRZEBALSKA, W.; PETÓ, A., *op. cit.*, p. 167.

57 *Ibid.*

58 *Ibid.*

59 MUTIARIN, D.; TOMARO, Q. P. V.; ALMAREZ, D. N., *op. cit.*, p. 52.

60 RAMOS, C. G., *op. cit.*, p. 311.

61 GRILLO, C. C., GODOI, R., MONTEIRO, L. e HIRATA, D. V. Da desregulamentação à intervenção: as políticas de controle do crime e da violência no governo Bolsonaro. Rio de Janeiro: Heinrich Böll Stiftung, 2021. Disponível em: <br.boell.org>.

62 MUTIARIN, D.; TOMARO, Q. P. V.; ALMAREZ, D. N., *op. cit.*, p. 51.

63 *Ibid.*, pp. 49-50.

64 *Ibid.*, p. 53.

PARTE III

1 SCHEDLER, A. Elections Without Democracy: The Menu of Manipulation. *Journal of Democracy*, v. 13, n. 2, 2002, p. 39.

2 Definição do TSE a partir do julgamento do Recurso Ordinário Eleitoral nº 729906.

3 AGRA, W. M. *Manual prático de Direito Eleitoral*. 4. ed. Belo Horizonte: Fórum, 2022, p. 308.

4 CASTRO, E. R. *Teoria e prática do direito eleitoral*. 5. ed. Belo Horizonte: Del Rey, 2010, p. 277. TAVARES, A. R. Princípios constitucionais do processo eleitoral. *In*: TAVARES, A. R.; PEREIRA, L. F. O *Direito eleitoral e*

o novo código de processo civil. Belo Horizonte: Fórum, 2016, p. 33.

zílio, r.l. *Direito eleitoral.* Porto Alegre: Verbo Jurídico, 2008, p. 381.

5 Tribunal Superior Eleitoral. Eleições 2022: propaganda eleitoral está liberada a partir de hoje. 16 ago. 2022.

6 O levantamento está disponível no site *Poder360*, em: <https://www.poder360.com.br/governo/bolsonaro-atacou-sistema-eleitoral-mais-de-20-vezes-em-2021/>.

7 viscardi, j.m. Fake news, verdade e mentira sob a ótica de Jair Bolsonaro no Twitter. *Trabalhos em Linguística Aplicada*, v, 59, n. 2, 2020, p. 1134.

Sobre o LAUT

O Centro de Análise da Liberdade e do Autoritarismo (LAUT) é uma instituição independente e apartidária de pesquisas interdisciplinares. Fundado em São Paulo no início de 2020 por pesquisadores, professores, juristas e advogados comprometidos, tem produzido e disseminado conhecimento sobre a qualidade do Estado de Direito e da democracia na universidade, na imprensa e em outras esferas do debate público, procurando uma forma de diálogo entre o Direito e a sociedade brasileira.

O LAUT tem como objetivo monitorar as diversas manifestações do autoritarismo e de repressão às liberdades, a fim de fundamentar a mobilização da sociedade civil e a defesa das liberdades. A organização ainda possui uma parceria com a revista *Quatro Cinco Um*, onde publica mensalmente em uma seção fixa textos em torno desses temas, além de ter publicado duas temporadas do podcast Revoar. Para conhecer mais sobre o centro, visite o site laut.org.br.

Sobre os autores

ADRIANE SANCTIS DE BRITO, doutora em filosofia e teoria geral do direito pela Universidade de São Paulo (USP), co-organizou o livro *Direito global e suas alternativas metodológicas* (FGV Direito SP).

CONRADO HÜBNER MENDES, professor da Faculdade de Direito da USP, é autor de *Constitutional Courts and Deliberative Democracy* (Oxford, 2013), *Direitos fundamentais, separação de poderes e deliberação* (Saraiva, 2011) e *Controle de constitucionalidade e democracia* (Elsevier, 2007).

FERNANDO ROMANI SALES, doutorando em direito constitucional na USP, é autor do livro STF e direito à educação (Editora Dialética).

MARIANA CELANO DE SOUZA AMARAL é mestranda em sociologia, foi pesquisadora do Projeto Justiça Sem Muros, do Instituto Terra, Trabalho e Cidadania.

MARINA SLHESSARENKO BARRETO é bacharel em direito e mestranda em ciência política pela USP.

© Laut – Centro de Análise da Liberdade e do Autoritarismo

Esta edição segue o Novo Acordo
Ortográfico da Língua Portuguesa

APOIO Instituto Galo da Manhã
1ª edição: abr. 2023
1.500 exemplares

EDIÇÃO Paulo Werneck · Ashiley Calvo (assistente)
DESIGN Isadora Bertholdo
REVISÃO Luiza Gomyde · Henrique Torres · Karina Okamoto
ILUSTRAÇÃO DE CAPA Veridiana Scarpelli

TINTA–DA–CHINA BRASIL
DIREÇÃO GERAL Paulo Werneck
DIREÇÃO EXECUTIVA Mariana Shiraiwa
EDITORIAL Mariana Delfini · Paula Carvalho · Ashiley Calvo (assistente)
DESIGN Isadora Bertholdo · Giovanna Farah
COMERCIAL Andreia Ariani · Leandro Valente

Todos os direitos desta edição reservados à **Tinta–da–China Brasil/
Associação Quatro Cinco Um**

Largo do Arouche, 161, SL2
República · São Paulo · SP · Brasil
editora@tintadachina.com.br
tintadachina.com.br

DADOS INTERNACIONAIS DE CATALOGAÇÃO NA PUBLICAÇÃO (CIP)
DE ACORDO COM ISBD

C183   O caminho da autocracia:
estratégias atuais de erosão democrática / Adriane Sanctis
de Brito ... [et al.] ; . – São Paulo : Tinta-da-China Brasil, 2023.
176 p. ; 14,5cm × 21cm

ISBN 978-65-84835-01-6

1. Política. 2. Democracia. 3. Autocracia. 4. Direito. I. Brito,
Adriane Sanctis de. II. Mendes, Conrado Hübner. III. Sales,
Fernando Romani. IV. Amaral, Mariana Celano de Souza.
V. Barreto, Marina Slhessarenko. VI. Título.

2023-2873   CDD 320
                CDU 32

Elaborado por Vagner Rodolfo da Silva – CRB-8/9410

ÍNDICES PARA CATÁLOGO SISTEMÁTICO

1. Política 320
2. Política 32

O caminho da autocracia foi composto
em Adobe Caslon Pro e Runda,
impresso em papel offset 90g,
na Ipsis, em abril de 2023